最高人民法院重点调研课题

国家赔偿
精神损害赔偿
实证研究

GUO JIA PEI CHANG JING SHEN SUN HAI PEI CHANG SHI ZHENG YAN JIU

浙江省高级人民法院课题组◎著

中国法制出版社
CHINA LEGAL PUBLISHING HOUSE

课题主持人：齐　奇　浙江省高级人民法院院长

课题组成员：高　杰　浙江省高级人民法院副院长
蒋中东　浙江省高级人民法院赔偿委员会主任
章剑生　浙江大学光华法学院教授、博士生导师
骆梅英　浙江工商大学法学院副院长、教授
江　勇　浙江省高级人民法院赔偿委员会副主任
管　征　浙江省高级人民法院赔偿委员会成员
马良骥　浙江省高级人民法院赔偿委员会成员
万成兆　浙江省高级人民法院赔偿委员会成员
秦新举　浙江省衢州市中级人民法院法官
蒋成旭　浙江大学光华法学院博士生

出版说明

《国家赔偿法》第35条规定了精神损害赔偿制度，实践中如何贯彻实施，是各级人民法院的难题。2013年9月，在最高人民法院研究室和赔偿委员会办公室的大力支持下，我院组成课题组，齐奇院长担任课题主持人，高杰副院长担任课题组成员，顺利中标了最高人民法院重点调研课题《关于国家赔偿精神损害赔偿制度的调研》。为完成本课题，课题组选定浙江和广东、重庆、陕西、辽宁、河南五省一市为调研区域，走访相关法院，并多次举行内部研讨，撰写了五万多字的课题报告，圆满完成课题任务。

在调研过程中，课题组进行了大量的统计、分析和整理，积累了不少资料，这些资料凝聚了全体课题组成员的心血，不仅有助于深入了解国家赔偿工作特别是精神损害赔偿制度的实践情况，而且对如何开展调研工作也有一定的启示，课题组决定将其连同课题报告付梓出版。

本书由课题报告和附件组成。第一章、附件6、附件7、附件8由万成兆负责撰写，第二章、第五章、第六章、第七章由秦新举负责撰写，第三章、第四章、附件1、附件3、附件9由江勇负责撰写，第八章、附件2由马良骥负责撰写。本书还收集了高杰副院长撰写的浙江省政协十一届二次会议第622号提案（附件4）和浙江省十二届人大二次会议金56号代表建议（附件5）。本书最后由蒋中东、江勇统稿完成。

由于我们水平有限，缺点和错误在所难免，恳请广大读者予以谅解。

浙江省高级人民法院课题组
2015年5月1日

目　录

前　言 / 1

第一章　国家赔偿精神损害赔偿的基本情况 / 1

第二章　国家赔偿精神损害赔偿实践主要争议问题 / 17

第三章　国家赔偿精神损害赔偿的困难及其成因 / 37

第四章　张氏叔侄强奸赔偿案的精神损害赔偿分析 / 49

第五章　精神损害赔偿制度在我国民法领域的研究综述 / 56

第六章　国家赔偿精神损害赔偿制度域外比较 / 70

第七章　国家赔偿精神损害赔偿制度理论问题 / 97

第八章　完善精神损害赔偿制度的建议 / 137

附件 1　《关于国家赔偿精神损害赔偿制度的调研》最高人民法院重点课题调研实施方案 / 157

附件 2　最高人民法院关于国家赔偿精神损害赔偿若干问题的解释（建议稿）/ 162

附件 3　关于改革国家赔偿制度　发挥国家赔偿审判职能作用破解涉法涉诉信访难题的建议 / 167

附件4 浙江省政协十一届二次会议第622号提案　建议进一步规范我省的国家赔偿费用的支付　探索建立国家赔偿基金 / 171
附件5 浙江省十二届人大二次会议金56号代表建议　关于我省设立国家赔偿补偿基金的建议 / 174
附件6 五省一市国家赔偿涉精神损害赔偿案件基本情况 / 178
附件7 关于国家赔偿精神损害赔偿制度的调查问卷统计情况（三省一市） / 199
附件8 “张氏叔侄案”国家赔偿精神损害抚慰金的网络舆情报告 / 211
附件9 关于完成最高法院重点调研课题的若干体会 / 223

前　言

1994 年 5 月 12 日，第八届全国人民代表大会常务委员会第七次会议通过了《中华人民共和国国家赔偿法》（以下简称《国家赔偿法》），并于 1995 年 1 月 1 日起实施，标志着我国国家赔偿制度的建立。然而伴随着我国经济社会的迅速发展，这部十五年前的法律暴露出诸多不尽如人意之处，特别是未将精神损害赔偿纳入国家赔偿的范围，缺陷明显。“麻旦旦处女嫖娼案”、“佘祥林案”、“赵作海案”在令人震惊与咂舌之余，也将社会公众目光聚焦到精神损害赔偿这一议题。2010 年 4 月 29 日，第十一届全国人大常委会第十四次会议表决通过了《全国人民代表大会常务委员会关于修改〈中华人民共和国国家赔偿法〉的决定》，正式确立了国家赔偿精神损害赔偿制度。《国家赔偿法》作为社会主义法律体系的重要组成部分，直接履行宪法“国家尊重和保障人权”的庄严承诺，将精神损害赔偿纳入赔偿范围，拓宽了国家赔偿范围，提高了国家赔偿的标准，标志着我国人权保障水平的全面提高。这是贯彻中共中央关于“以人为本”精神的具体体现，也是立法回应社会公众呼声的直接反映，更是不断推进社会主义法制建设的必然结果。

毋庸讳言，国家赔偿精神损害赔偿在功能定位、损害后果认定和赔偿标准等方面仍存在着诸多争议，国家赔偿精神损害赔偿制度的实施还面临不少现实困难。《国家赔偿法》第35条规定："有本法第三条或第十七条规定情形之一，致人精神损害的，应当在侵权行为影响的范围内，为受害人消除影响，恢复名誉，赔礼道歉；造成严重后果的，应当支付相应的精神损害抚慰金。"上述条款没有明确"严重后果"的具体情形，即何种情况下，应当为受害人消除影响，恢复名誉，赔礼道歉，抑或支付精神损害抚慰金，各地把握不一。即使决定支付精神损害抚慰金，也因仅有"相应"的模糊规定，导致同样情形下的精神损害抚慰金差异较大，引起了当事人的攀比，也引发了广泛争议。"张氏叔侄案"赔偿义务机关浙江省高级人民法院决定给予45万元精神损害抚慰金，更是在全国范围内一石激起千层浪。为什么同样情形，河北赵艳锦、河南李怀亮的精神损害抚慰金分别只有10万元、20万元？精神损害赔偿的定位，是抚慰、补偿、惩罚抑或是调整功能，还是兼而有之？精神损害赔偿应当全国统一，还是应结合地域、个体差异等因素确定？怎样的赔偿标准可以产生最大共识并取得最好社会效果？如何正确适用《国家赔偿法》关于精神损害赔偿的规定，是践行司法公正、维护司法权威必须解决的问题。至今全国有广东、辽宁、浙江、湖南、重庆、河南等省份推出关于国家赔偿精神损害赔偿的业务指导意见，但各地也是摸着石头过河，差异极大。

本调研课题正是基于这样的背景而展开。2013年9月课题中标以后，课题组即投入紧锣密鼓的调研中，近一年的课题研究主要围绕以下几点展开：一、基础研究。课题组从比较法研究的视角切入，先后搜集了介绍大陆法系、英美法系主要国家的国家赔偿精神损害赔偿理论和实践情况的书籍和资料，对法学界关于精神损害赔偿的相关争议观点进行认真梳理，分析整理出一些调研基础性材料，如《国家赔偿精神损害赔偿制度国内外比较研究》、《域外国家赔偿精神损害赔偿制度研究综述》、《精神损害赔偿制度在我国民法领域的研究综述》、《“张氏叔侄案”国家赔偿精神损害抚慰金的网络舆情报告》等。同时收集了全国6个高级法院关于确定精神损害抚慰金的指导意见、国家赔偿诉讼文书和典型案例及相关数据等，对主要争论问题进行了比较研究。二、实地调研。课题组从实证的角度出发，精心设计调查问卷，并赴河南、辽宁、重庆等有代表性的省市进行实地调研，听取各地高级法院国家赔偿工作负责人对当地国家赔偿工作情况的介绍和关于国家赔偿精神损害赔偿的意见，与一线办案法官进行座谈，发放调查问卷等，取得了大量第一手资料，对当前精神损害赔偿制度实施现状有了较为全面的了解和掌握，初步达成了一些共识。三、反复论证。在课题开始之初，课题组就邀请浙江大学、浙江工商大学相关专家学者共同探讨确定调研提纲。在2014年初形成初稿之后，经专家论证，明确了调研报告的修改方向及后续调研内容，课题组又同陕西、广东等高院联系沟通，获取更多实践材料，丰富调研内容，在此基础上形成调研报告正式稿和司法解释建议稿。随后在2014年6月、8月两次召开专家论证会，认真听取专家意见，反复推敲，数易其稿，形成本调研报告。课题组认为：

（一）国家赔偿精神损害抚慰金应定位于抚慰功能

精神损害的主观性、不可逆性及难以用金钱准确衡量等特征，决定了精神损害抚慰金无法像财产损害赔偿一样精确评算赔偿数额进而全额补偿，而只能通过获取它样舒适抚慰受害人的精神创伤。精神损害抚慰金具有“与生俱来”的抚慰功能。赋予其补偿、惩罚、调整等功能，实属无法承受之重，也偏离了设立国家赔偿精神损害赔偿制度的初衷。同时，我们主张抚慰功能，并非意味着精神损害抚慰金是象征性的，数额可以很小，相反，精神损害抚慰金应当是适当的，足以使受害人恢复至未被侵害前的状态。精神损害抚慰金是否足额，可以社会理性人的标准判断是否达到抚慰功能、能否促使受害人息诉罢访。问卷调查表明，浙江省“张氏叔侄案”确定的45万元精神损害抚慰金是适当的。

（二）精神损害后果严重的认定不宜过于严苛

问卷调查发现，大部分被调查对象对于精神损害后果严重的认知持较开放态度，不仅对于死亡、残疾、精神疾病等情形普遍认可，对于导致受害人错误羁押、丧失重大就业机会、重大经济损失等尚有争议的情形也有近50%的认可度。故实践中对精神损害严重后果的把握不能过于严格，不能简单等同于刑事审判。如果消除影响、恢复名誉、赔礼道歉等方式不足以抚慰受害人精神损害的，原则上就应当支付精神损害抚慰金。

（三）精神损害抚慰金的确定可采用比例法

我国国家赔偿精神损害赔偿刚刚起步，理论与实践均嫌不足，宜粗不宜细。浙江省将精神损害抚慰金与侵犯人身自由权、生命健康权赔偿金挂钩，并确定一定比例，操作简单，切实可行，已经受到河南、辽宁、重庆和浙江省各级法院的普遍支持。

问卷调查表明，多数被调查对象支持浙江高院确定的精神损害抚慰金一般不超过侵犯人身自由权、生命健康权赔偿金总额的做法。

（四）强化非金钱赔偿方式的适用

“消除影响，恢复名誉，赔礼道歉”作为非金钱赔偿方式，在填补精神损害方面具有特殊功效，应当予以重视。目前这类赔偿方式因司法理念障碍存在执行难问题。必要时，国家赔偿决定可以借鉴民事执行方式，对于赔偿义务机关不依法履行消除影响、恢复名誉、赔礼道歉义务，赔偿请求人申请公开执行的，可以由作出赔偿决定的法院的执行机构通过将国家赔偿决定书张贴、登报等方式替代执行。

（五）加快立法进程

一方面加强司法解释工作。目前精神损害赔偿范围偏小，有些法律规定不明，建议最高人民法院通过司法解释等形式，将判处缓刑、司法拘留、监视居住等纳入国家赔偿范围，适当扩大精神损害赔偿范围。另一方面将国家补偿法立法提上议事日程。国家赔偿补偿根据侵权和损害事实确定，是国家承担的侵权责任，而司法救助是国家对弱势群体的一种特殊福利，是根据当事人经济困难的状况决定的，两者职能定位各不相同，不能互相代替。当前涉诉信访形势严峻，一些群众的合理诉求尚未纳入国家赔偿补偿范围，司法救助制度的补偿功能不符合法治化改革方向。建议改革完善国家赔偿制度，将司法救助制度中的补偿功能分离出来，纳入国家赔偿，并利用这次司法改革地方法院人、财、物划归省级统一管理之机，争取设立省一级的赔偿补偿专项资金，充分发挥国家赔偿补偿在化解涉法涉诉信访难题方面的职能作用。目前，浙江省政协委员提案和省人大代表建议已经提交有关部门，浙江省高院拟通过推动地方立法的形式探索完善国家赔偿制度。

第一章　国家赔偿精神损害赔偿的基本情况

2011—2013 年三年间，全国共审结国家赔偿案件 24297 件，其中行政赔偿案件 18152 件，司法赔偿案件 6145 件。在审结的司法赔偿案件中，决定予以赔偿的案件 1113 件，共赔偿金额 19854.2383 万元，其中，刑事司法赔偿案件 787 件，赔偿金额为 12716.3864 万元，非刑事司法赔偿案件 326 件，赔偿金额为 7137.8519 万元。全国涉精神损害赔偿案件不多，主要集中在刑事司法赔偿案件中。据不完全统计[①]，三年间全国涉精神赔偿案件近 500 件，占全部司法赔偿案件的 8% 左右。

为尽可能全面掌握我国国家赔偿精神损害赔偿的基本情况，课题组选定浙江和广东、重庆、陕西、辽宁、河南五省一市为调研地域对象，这些省市不仅国家赔偿案件数量相对较多，而且分别代表了全国东、中、西部不同地区，基本反映当前我国国家赔

---

① 根据调研了解，除去极少数劳动教养类赔偿案，行政赔偿领域涉精神损害赔偿案件几乎没有，绝大部分精神损害赔偿案件集中在司法赔偿领域，但不管在行政赔偿还是司法赔偿中，目前精神损害赔偿都没有作为单独项目列入司法统计工作，所以全国范围内涉精神损害赔偿案件的准确数据尚无法统计，课题组结合调研以及根据全国司法赔偿司法统计表中关于决定赔偿案件中案由的分布，通过定性分析，大致估算全国目前涉精神损害赔偿案件近 500 件。

偿精神损害赔偿的情况与特征，样本意义突出。2013 年 11 月和 2014 年 4 月，课题组先后实地调查了浙江和河南、辽宁、重庆四省（市），并收集包括广东、陕西在内的六省市相关案件数据、典型案例和实践问题，经统计、分析和整理，现将我国国家赔偿精神损害赔偿情况总结归纳如下：

（一）案件数量不多，社会关注度高

课题组收集了修正的《国家赔偿法》实施以来至 2014 年 5 月份浙江等六省市审理的各类司法赔偿案件 2014 件，其中涉精神损害赔偿案件 168 件（含仅适用消除影响、恢复名誉、赔偿道歉方式的赔偿案件），占 8%。可见，法院适用《国家赔偿法》第 35 条的规定给予精神损害赔偿的案件并不多，究其原因：第一，司法赔偿决定赔偿案件数量本身较少，全国三年来决定国家赔偿的案件为 1113 件，仅占全部司法赔偿案件的 18%；第二，决定赔偿案件中，除刑事司法赔偿，大多涉及财产损失赔偿，而财产损害不适用精神损害赔偿；第三，由于立法不明确，多数地区对于精神损害赔偿的把握比较严格，大多经历了从观望到试探适用的过程（如重庆地区直至地方性法规出台后才开始适用精神损害赔偿规定①），由此导致精神损害赔偿案件数量较少。六省市具体涉精神损害赔偿案件数及与司法赔偿案件数的对比情况见图表一。

---

① 直至 2012 年 9 月 27 日《重庆市实施〈中华人民共和国国家赔偿法〉办法》正式实施之后，重庆地区才开始正式适用《国家赔偿法》第 35 条规定进行精神损害赔偿。同样，浙江地区在 2011 年涉精神损害赔偿案件只有 1 件，2012 年 3 件，2013 年 13 件，上升趋势明显。

图表一　五省一市涉国家精神赔偿案件数比对

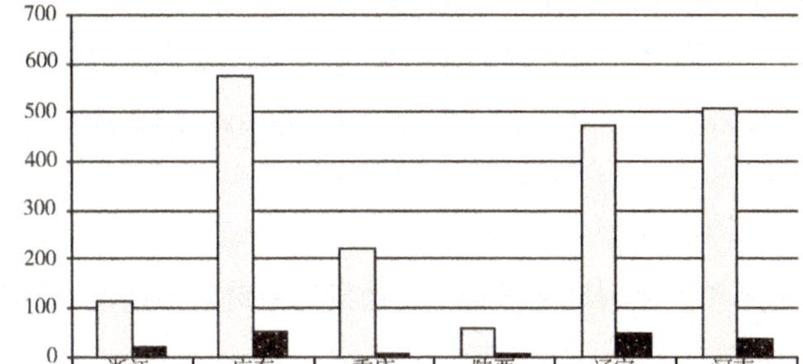

	浙江	广东	重庆	陕西	辽宁	河南
□国家赔偿案件总数	114	575	224	59	474	509
■涉精神赔偿案件数	20	52	6	6	48	36

虽然国家赔偿精神损害赔偿案件不多，但由于涉及冤假错案的纠正问题，社会影响普遍较大。近三年来，国家赔偿中涉精神损害赔偿名案“遍地开花”，出现了诸如浙江“张氏叔侄案”、“萧山五青年案”、湖南“唐慧案”、河南“李怀亮案”、河北“赵艳锦案”、广东“朱红蔚案”、福建“纪委爆炸五人案”等冤假错案，均引起了社会的广泛关注。通过百度和新浪、网易等主要网站的新闻搜索，我们发现，上述案件均曾作为新闻事件被重点报道过或有专门的百度百科栏目予以介绍。其中“张氏叔侄案”相关的赔偿问题，得到了全国多家主要媒体的连续报道，新浪网《浙江高院向冤案叔侄各支付国家赔偿金 110 万余元》报道有 1711 条评论，共 5791 人参与；网易网《浙江高院向被冤叔侄各支付国家赔偿金 110 万余元》报道有 2267 人跟帖，共 61295 人参与。“张氏叔侄案”等一系列赔偿案件在社会上影响巨大，引发了舆论的广泛关注。

（二）案件分布集中，类型、案由、赔偿方式单一

1. 从案件类型看，主要集中在刑事司法赔偿领域。国家赔

偿对精神损害予以救济的案件，几乎均为刑事赔偿案件，占99%以上。精神损害赔偿案件占同期全部刑事决定赔偿案件的近1/2。其中，赔付精神损害抚慰金的案件占精神损害赔偿案件的近95%，占同期全部刑事赔偿决定赔偿案件的45%左右（见图表二）。

图表二　在刑事赔偿决定赔偿案件中对精神损害给予救济的比例

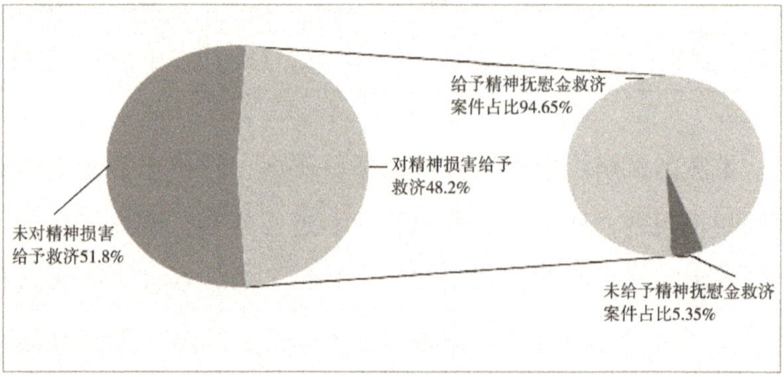

尽管根据《国家赔偿法》第35条规定，行政赔偿案件同样可以适用精神损害赔偿规定，但实践中行政赔偿中决定精神损害赔偿的案件很少，主要原因是限制人身自由的行政案件在行政审判中比例不高，至于致公民伤害或死亡的案件更属罕见，可以给予精神损害赔偿的案件自然就少。限于统计资料，课题组对全国行政赔偿案件中涉精神损害赔偿的情况没有全面掌握。目前媒体公开报道的只有湖南唐慧不服劳动教养行政强制措施案，湖南高院判决给予2000元精神损害抚慰金。调研中，仅重庆高院反映受理了一起涉精神损害赔偿的行政赔偿案件，最后判决给予精神损害赔偿，其他地区均无此类案件。

2. 从案由方面看，精神损害赔偿案件集中在侵犯人身自由权相关领域，包括涉再审无罪、重审无罪、二审无罪、错误逮捕和违法刑事拘留等。上述类型案件共 163 件，占本次调查精神损害赔偿案件总数的 97%，其中法院作为赔偿义务机关 130 件，占 80%，含再审无罪 49 件、二审无罪 7 件、重审无罪 74 件；检察院作为赔偿义务机关 27 件，占 16%，均为错误逮捕赔偿案件；公安机关作为赔偿义务机关 6 件，占 4%，均为违法刑事拘留赔偿案件。国家赔偿精神损害赔偿案件涉及生命健康权等其他案由的只有 5 件，仅占 3%，包括辽宁刑讯逼供致人伤害死亡 1 件、唆使他人使用暴力 1 件、违法使用武器致人伤害 1 件、广东违法司法拘留 1 件、其他 1 件（见图表三）。

图表三　调查统计区间内不同案由精神赔偿案件数占比

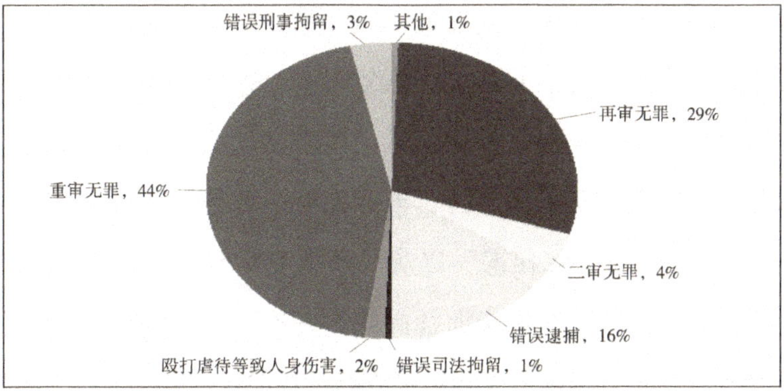

调查中还发现，殴打、虐待等致人伤亡赔偿案件虽然数量很少，但精神损害赔偿比例特别高，达到 100%，而限制人身自由的精神损害赔偿比例相对较低。说明对一些显而易见的刑讯逼供、殴打、虐待致伤、致死给予精神损害赔偿，大家已经有共识，而对于限制人身自由是否都给予精神损害赔偿，仍有不

同认识。

3. 从赔偿方式看，以单纯支付精神损害抚慰金居多。根据《国家赔偿法》第35条的规定，国家赔偿精神损害赔偿方式有两种：一种是消除影响，恢复名誉，赔礼道歉；另一种是支付精神损害抚慰金。但人们往往将精神损害赔偿等同于支付精神损害抚慰金，只关注精神损害抚慰金多少，忽视“消除影响，恢复名誉，赔礼道歉”这些非金钱赔偿方式的运用。虽然个别赔偿案件赔偿义务机关在作出赔偿决定前已经履行“消除影响，恢复名誉，赔礼道歉”的义务，但87%的案件是以支付精神抚慰金作为精神损害赔偿的唯一方式，只有13%的案件赔偿决定书单独或同时提及“消除影响，恢复名誉，赔礼道歉”的赔偿方式。并且大部分法院仅仅简单表述赔偿义务机关应在侵权范围内为赔偿请求人消除影响，恢复名誉，赔礼道歉，具体如何操作没有明确。实践中不少当事人要求赔偿义务机关在公共媒体上进行道歉，但未获支持。当然也有一些地方的做法取得良好效果，如“张氏叔侄案”以及“萧山五青年案”，赔偿义务机关浙江高院的副院长代表浙江高院在多家媒体面前向受害人当面道歉，树立了司法机关知错就改的良好形象；董克云抢劫再审无罪赔偿案中，赔偿义务机关重庆高院在受害人生活的社区召集当地居委会成员、民警、受害人亲朋好友公开赔礼道歉，反响良好。但总体而言，精神损害赔偿方式的实践运用较为单一。

（三）“严重后果”认定不一，是否支付精神损害抚慰金争议大

由于法律规定不明，理论研究不够，实践经验又缺乏，如

何认定“致人精神损害造成严重后果”，各地在实务操作中产生了众多困惑。

首先，何谓精神损害后果严重，调查问卷罗列了十种客观情形：死亡；残疾；精神疾病；离婚或其他家庭关系破裂；致家庭成员重大变故，比如自杀；侵权行为虽未致受害人重伤或残疾，但其特殊能力丧失或受损而不能继续从事相关职业；直接致受害人丧失重大就业机会；致受害人经济损失巨大；导致受害人申诉上访多年；只要存在限制人身自由的羁押行为。除导致受害人申诉上访一项只有20%左右调查对象选择外，针对死亡、残疾、精神疾病这些精神损害后果严重的情形，均有90%以上的调查对象选择，而针对司法实践最常见的羁押造成人身自由权受侵害的情形，是否可认为属于严重后果情形，也有近50%的人选择。可见，整体而言，被调查对象对于认定精神损害后果严重的标准认识分歧虽仍较大，但普遍倾向于宽松的态势明显。

其次，本次调查的351件刑事决定赔偿案件中，只有168件决定给予精神损害赔偿，尚有183件刑事决定赔偿案件没有给予精神损害赔偿。这表明在刑事决定赔偿案件中，还有52 %侵害人身权的情形没有被认定为致人精神损害后果严重。如果对于“致人精神损害造成严重后果”认定持更宽松态度，可予以精神损害抚慰金赔偿的空间还很大。

最后，本次调查中有5%刑事决定赔偿案件仅明确以消除影响，恢复名誉，赔礼道歉方式赔偿精神损害，未赔付赔偿精神损害抚慰金的主要理由有赔偿请求人没有提出请求、赔偿请求人不能证明存在精神损害严重后果、赔偿请求人没有存在人身伤害等情形。未造成严重损害后果最主要是认为羁押时间短，这主要集中在违法刑事拘留案件中，因为刑事拘留羁押时间一般在一个月以下，时间较短，往往不认为是精神损害后果严重。其他羁押时间较长，如超过1年以上没有支付精神抚慰金的广东陆国名申请韶关中院再审无罪赔偿案，赔偿请求人被羁押四年多，韶关中院认为赔偿请求人仅有违法羁押，没有其他人身损害，不属于精神损害严重，所以没有支付精神抚慰金（见图表四）。这些案件反映出是否支付精神损害抚慰金争议较大。

图表四　对精神损害给予救济但未适用精神损害抚慰金案件理由分布

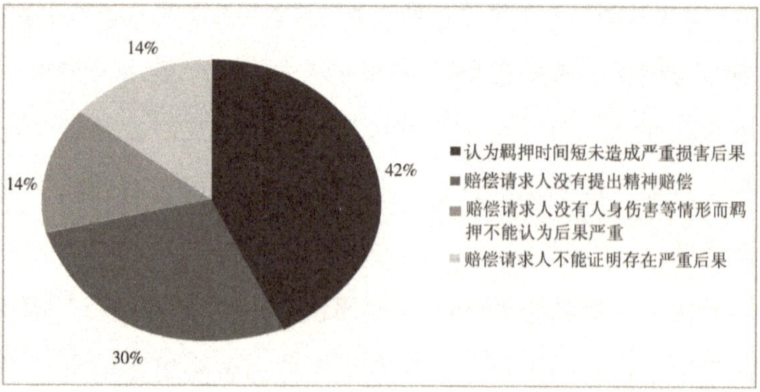

（四）精神损害抚慰金数额确定因素复杂，羁押时间是主要因素

审判实践中，确定精神损害抚慰金的情形比较复杂，既有羁押情形，也有非羁押情形，如受害人残疾或婚姻关系破裂、自杀等。精神损害既有客观因素，也有主观因素，精神损害抚慰金数额确定尚缺少一个普遍适用的标准。由于国家赔偿精神

损害赔偿案件主要集中在侵犯人身自由权领域，故各地法院确定精神损害抚慰金的数额一般都与羁押时间长短密切相关。

本次调查中，涉及精神损害赔偿的案件，平均羁押天数为995天，羁押时间最短的为10天，最长为6362天[①]，其中羁押1年以下的占33%，羁押1—3年的占39%，羁押3—5年的占15%，羁押5—7年的占3%，羁押7—10年的占4%，羁押10—17年的占6%（见图表五）。

图表五 调查统计区间内涉精神赔偿案件羁押时间分布

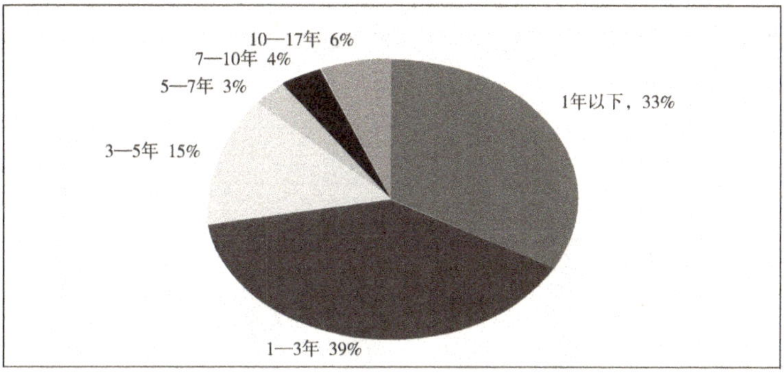

为考察不同羁押时间情形下支付精神损害赔偿金的规律，课题组以相关案件的羁押时间为基础，计算出羁押时间区域内精神损害赔偿金与人身自由赔偿金（物质性赔偿）的占比关系以及日平均的精神损害抚慰金（具体数据见图表六、图表七）。

① “浙江萧山五青年抢劫杀人案”中的王建平被羁押6362天，精神赔偿80万元，是据目前调查所得羁押时间最长，精神赔偿绝对值最高的案例。

图表六　不同羁押时间案件精神损害抚慰金占人身权赔偿金的平均比例

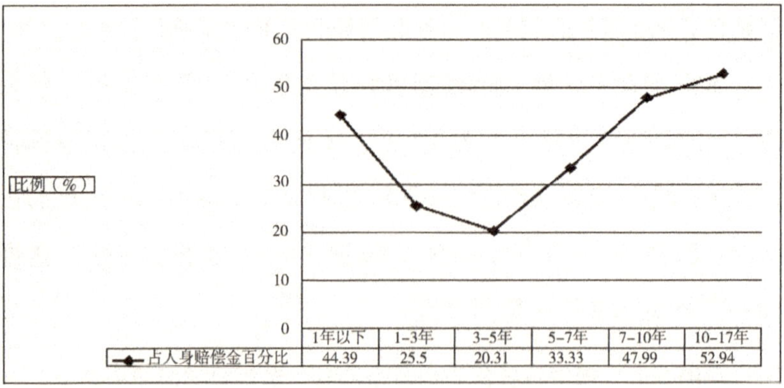

图表七　不同羁押期间决定赔偿精神损害抚慰金案件日平均精神赔偿金

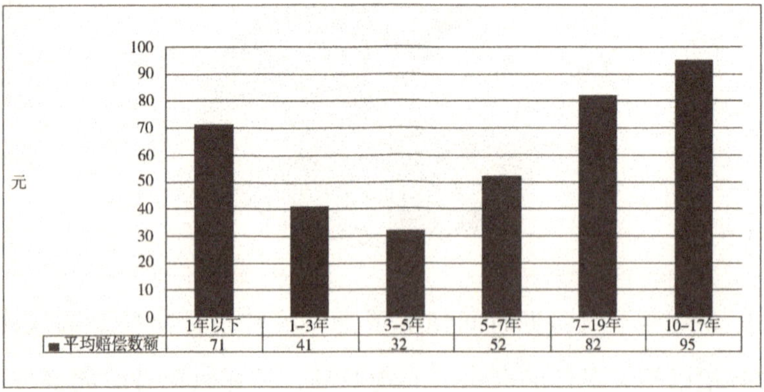

图表六、图表七表明，精神损害赔偿的日平均额占人身自由赔偿金的比例呈现以下的特点：随着羁押时间的增加，一般认为精神受损的程度也在增加，相应的精神抚慰金总体趋势也是增加的。但5年以下中短期羁押的案件，精神损害抚慰金日平均额及占限制人身自由赔偿金的比例与羁押期限成反比，这主要由于多数省份对精神损害抚慰金都设定了下限，比如羁押10天，精神损害抚慰金2000元，而羁押1年，精神损害抚慰金

也只有1万元，随着羁押时间增加，精神损害抚慰金不是按同样比例增加的，而人身自由赔偿金则按比例增加，故而会出现中短期羁押精神损害抚慰金日平均额反而下降的现象。5年以上中长期羁押案件则相反，精神损害抚慰金与羁押时间成正比例关系，并且随羁押时间的增长，精神损害抚慰金的日平均额及其占限制人身自由赔偿金的比例也逐渐增加。

（五）精神损害抚慰金计算标准不同，各地金额差距较大

1. 各地计算精神损害抚慰金标准不一

河南、辽宁两省法院根据精神损害后果的情形不同分项计算精神损害抚慰金数额，即以限制人身自由时间或者伤残程度为标准确定一个基数，同时考虑其他因素适当增加或减少。如河南省根据受害人被羁押、监禁的时间长短确定基本标准：受害人被羁押、监禁1年以上的，精神损害抚慰金按每年3000元确定；不满1年的，酌定精神损害抚慰金1000元至3000元。然后列举增加或者减少精神损害抚慰金数额的情形。比如：受害人涉嫌或被判处的罪名为强奸罪、故意杀人罪等严重影响受害人名誉的犯罪的，增加精神损害抚慰金5000元；受害人在一审、二审程序中被判处的最高刑罚为死刑但未执行的，增加精神损害抚慰金20000元；被判处的最高刑罚为死刑缓期二年执行或无期徒刑的，增加精神损害抚慰金10000元；经再审改判无罪的，酌情增加精神损害抚慰金1000元至10000元；受害人被羁押或监禁时为未成年人的，酌情增加精神损害抚慰金3000元至10000元；受害人的行为属于情节显著轻微、不认为是犯罪，或者虽不构成犯罪但构成行政违法、违纪或严重违反公序

良俗的，可适当减少或不予赔偿精神损害抚慰金等。造成公民残疾的，根据伤残程度及造成伤残的原因、手段等，按每级伤残赔偿精神损害抚慰金5000元至10000元计算，由十级伤残向一级伤残递增[①]。辽宁省规定的具体内容虽然简单，但同样采用分项确定的评算方式。

浙江省法院采用的是比例式的计算方式，一般以受害人人身自由权、生命健康权受损害等国家赔偿金总额的50%为基准确定精神损害抚慰金，当存在某些特定情形时适当高于50%，比如国家机关及其工作人员对受害人非正常死亡、重伤、残疾、超期羁押等人身自由权、生命健康权严重损害具有重大过错，依法应当追究行政责任或刑事责任的，受害人无任何违法或不当行为的，侵权行为在社会上产生特别恶劣影响；等等[②]。广东地区确定精神损害抚慰金也类似，要求以丧失人身自由的时间长短为主要依据，结合其他损害或者损失的情况进行综合确定，其较为特殊的是规定了多个人身自由权受侵害的时间区间，有20日以下、20日至2个月、2—3个月、3个月至1年、1—3年、3—5年、5—10年、10年以上等，虽然复杂，但操作对应较为精细[③]。值得一提的是，重庆市专门制定地方性法规《重庆市实施〈中华人民共和国国家赔偿法〉办法》，规定羁押期限超过1年时间即属于精神损害严重后果的情形之一，精神损

① 《河南省高级人民法院关于刑事赔偿中使用精神损害抚慰金若干问题的指导意见（2011年12月征求意见稿）》。

② 浙江省高级人民法院《关于在国家赔偿审判中确定精神损害抚慰金问题的会议纪要》。

③ 广东省《关于在国家赔偿工作中适用精神损害抚慰金若干问题的座谈会纪要》。

害赔偿金实际支付的标准以 1 年 1 万元为基准，结合案情综合考量，适当上下浮动。陕西省同重庆市 1 年 1 万元精神损害抚慰金的标准接近。

关于是否设定限额以及如何设定问题。浙江设置了下限 2000 元，上限最高不得超过侵犯人身自由权、生命健康权等国家赔偿金总额；重庆虽然没有在地方性法规中规定下限，但实践操作中精神损害抚慰金赔偿的下限为5000 元，上限是不超过国家上年度职工年平均工资的 10 倍。河南、辽宁、广东没有规定精神损害抚慰金数额的下限，仅仅规定上限，分别为 20 万、10 万和 30 万，其中广东规定特殊情形下可以突破。

2. 各地法院实际确定精神抚慰金差异较大

全国各地国家赔偿实践中，同样情形下精神损害抚慰金数额差异明显。本次调查所涉案件平均精神损害抚慰金占人身自由赔偿金的比例为 38%。其中，浙江为 62%，广东为 28%，重庆为 33%，陕西为 16%，辽宁为 32 %，河南为 18%（见图表八）。从浙江、广东、重庆、陕西、辽宁、河南六省市的调研结果来看，各地精神损害赔偿的数额相差确实较大。

图表八　五省一市精神损害赔偿金占人身赔偿金比例示意

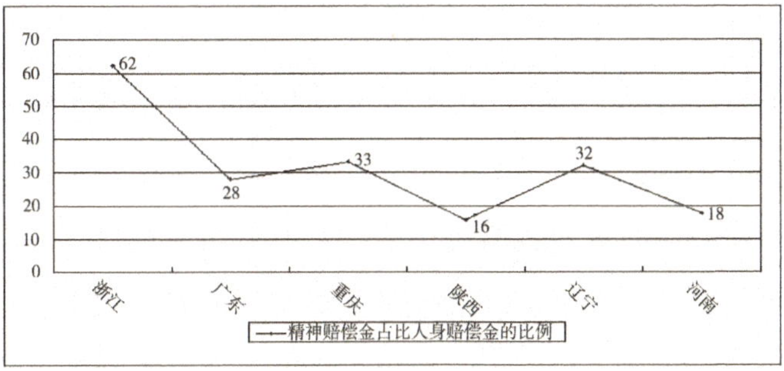

即使在同一省份，同样情形确定的精神损害抚慰金也有差异。如浙江温州周春花申请文成县检察院错误逮捕赔偿案，赔偿请求人周春花被羁押500多天，精神损害抚慰金只有1万元；而浙江台州赵仙剑申请临海市检察院错误逮捕赔偿案，赔偿请求人赵仙剑仅被羁押120天，相关精神损害赔偿金额则达到2万元。又如陕西省贺占胜申请榆林中院重审无罪赔偿案，其被羁押2560天，精神抚慰金是3万元，而陕西省姚德强申请西安市碑林区法院重审无罪赔偿案，受害人被羁押1095天，精神损害抚慰金也达到3万元。

在是否有必要制定全国统一的标准问题上，调查问卷发现，多数受访者选择认为不同地区的精神损害抚慰金应当在大致统一的标准下，结合本地区的经济发展条件确定。精神损害抚慰金能否根据地区经济社会发展水平的差异而应有所不同，是否涉及同案同判问题，争议较大，尚有待进一步的探讨。

（六）功能定位模糊，现实认知差异突出

修正的《国家赔偿法》实施已经三年多，但人民群众普遍对于国家赔偿精神损害赔偿制度认识不足。据统计，“张氏叔侄案”赔偿决定向社会公开后，新浪网和网易网出现2000条跟帖评论，其中对浙江高院决定110余万元国家赔偿金的跟帖评论有141条，占7%，而对45万元精神损害抚慰金的跟帖评论只有7条，仅仅占0.35%，关注度明显不高。即便是法律专业人士对国家赔偿的认知也是有欠缺的。课题组以浙江、河南、辽宁、重庆三省一市500余名普通审判人员为调查对象，采取随机派送问卷的方式进行。问卷调查显示，被调查对象对国家赔

偿精神损害赔偿制度非常了解占8%，比较了解占50%，不了解占42%。这当然与国家赔偿精神损害赔偿制度本身的应用范围不广和法律宣传不够有关。法院审判人员都不十分熟悉，更何况赔偿请求人？一部分赔偿请求人完全不知晓该权利，需要引导其提出请求，而另一部分赔偿请求人动辄提出高额的精神损害赔偿请求，对精神损害抚慰金漫天要价，完全不切实际，超出了国家财政的承受能力。调查表明：

第一，主流观点与课题组调研的结果并不完全一致。目前，法学界普遍认为，国家赔偿精神损害抚慰金应当定位于象征性的抚慰功能，金额不宜过高。针对问卷调查第3题设计的“关于如何理解精神损害赔偿制度的功能问题”。接受调查的三省一市总共有近473名法院审判人员、其中54%以上的被调查对象选择了“象征性的抚慰功能”，表明多数被调查对象认为我国现行的国家赔偿精神损害抚慰金仅仅是抚慰功能，还不具备完全填补损害和惩戒的功能，这样的认识应当说是符合《国家赔偿法》的立法本意的。但上述三省一市对于浙江高院在“张氏叔侄案”中决定的45万元精神损害抚慰金，59%以上的调查对象看法又是数额比较恰当，符合案情，32%的调查对象还认为偏低，只有9%左右的调查对象认为“张氏叔侄案”精神损害抚慰金偏高。对于精神损害抚慰金最高限额，调查问卷设置了限制人身自由赔偿金50%、70%、100%、死亡赔偿金、固定赔偿金等5种方式，选择最高不能超过死亡赔偿金和侵犯人身自由权、生命健康权赔偿金总额的方式人数分别为18%和15%。这在一定程度上反映出作为审判人员对于国家赔偿精神损害抚慰金数额的预期并非想象那么低。

第二，国家赔偿精神损害赔偿功能有待发挥。《国家赔偿法》修正前，无论是“佘祥林案件”还是“赵作海案件”，在国家法定赔偿金外，无不给予高额的法外补偿。如“佘祥林案件”，其法定赔偿金只有30多万元，实际给予50多万元。“赵作海案件”，法定赔偿金只有50多万元，结果却给予65万元。《国家赔偿法》修正后，虽然增加了精神损害抚慰金，但调研表明，社会各界还是认为国家赔偿金偏少。据统计，“张氏叔侄案”赔偿决定向社会公开后，新浪网和网易网出现关于国家赔偿金的跟帖评论认为过低有124条，占84%。即使是法院系统仍有50%以上被调查对象认为当前国家赔偿标准偏低。为了满足司法实践的需求和弥补国家赔偿金的不足，各地纷纷采用法外补偿的办法促使受害人服判息诉。“张氏叔侄案”和“萧山五青年案”两件国家赔偿案件中，浙江当地同样给予高额的法外补偿。重庆“董克云案”，重庆高院支付47万精神损害抚慰金，事后，在最高人民法院的主导下，又给予60万元补偿。这笔补偿金主要来源就是各地政法委系统的司法救助金。据课题组对东南沿海某省司法救助金的调查，当前司法救助范围不再局限于救助生活困难的当事人，已扩展至法度之外、情理之中的补偿。2010年某省政法委给2674个案件当事人发放救助金4648万元，2011年给2840个案件当事人发放司法救助金6157万元，2012年给2944个案件当事人发放司法救助金6381万元，2013年该省司法救助资金支出已近1亿元。非法治手段的信访救助、司法救助等制度正在部分履行国家赔偿精神损害赔偿的功能。

第二章　国家赔偿精神损害赔偿实践主要争议问题

国家赔偿精神损害赔偿制度虽被现代各国普遍接受，但仍存诸多争议，为此，我们对国内外精神损害赔偿的理论观点及实践现状进行了考察，并梳理出如下争议问题：

一、精神损害的内涵界定问题

精神损害内涵的界定，主要涉及两方面内容：一是精神损害的性质之争，即有关精神损害是否以生理、心理的可感知性为前提的争议。一种观点认为，精神系人脑的产物，精神和肉体是自然人人格的基本要素，也是自然人享有人格权益的心理和生理基础，因此将精神损害限定为自然人的精神痛苦和肉体疼痛。另一种观点认为精神损害既包括自然人可感知的精神痛苦或肉体疼痛，也包括法人维护其精神利益的活动被破坏而导致的精神利益的丧失和减损。该争议具体到国家赔偿精神损害赔偿的制度层面，即法人应否成为精神损害赔偿主体的问题。二是精神损害的范围之争，对该问题的争论引申出精神损害的三个层次：其一，最广义的精神损害，包括精神痛苦、肉体疼痛、精神利益的减损或丧失等财产损害之外的一切损害；其二，广义的精神损害，除轻微精神损害不予赔偿外，其他不涉及财产增减但是可以感受的痛苦均属精神损害；其三，狭义的精神损害，即广义的精神损害范围内符合法律规定的可以获得救济的精神损害。我国学术界关于精神损害范围的争论，在轻微精神损害不予赔偿及现行国家赔偿法规定的精神损害赔偿范围过于狭窄方面基本形成共识，特别是对前者。争论的焦点是广义精神损害中的哪些损害应当纳入法定的精神损害赔偿范围。

基于上述关于精神损害内涵的争议，不同学者对精神损害有不同界定，有的从精神损害赔偿主体、范围及精神损害的外在形式方面进行界定，如“国家侵权精神损害是指因国家侵权损害自然人的人身权，致使其精神活动出现障碍而产生的身体上和精神上的痛苦”①。有的遵从国家赔偿法定原则进行界定，如国家侵权精神损害是指根据国家赔偿法的规定，国家机关及其工作人员在行使职权过程中，侵犯自然人生命权、健康权和人身自由权，造成自然人生理或心理上的痛苦以及精神利益的丧失或减损②。我国理论界对精神损害的界定基本持狭义观点，将精神损害界定为自然人的肉体疼痛和精神痛苦。我国国家赔偿实践也采纳这一观点。

---

① 马怀德、张红：“论国家侵权精神损害赔偿”，载《天津行政学院学报》2005年第1期。

② 谭金生：“国家侵权精神损害问题研究——对《国家赔偿法》第三十五条的解读”，载《湖北行政学院学报》2013年第4期。

二、精神损害赔偿制度的功能定位问题

纵观国内外立法及学者论述，关于国家赔偿精神损害赔偿的功能定位问题，主要观点有：1. 惩罚功能说。该说以侵权行为所具有的社会谴责性作为立论依据，给精神损害赔偿以惩罚性质，通过作出对加害人不利判决，制裁侵权人且警告他人。2. 补偿功能说。一般认为，对加害人致害行为的惩罚功能已归于刑法，国家赔偿作为侵权法的一种特殊形态，应当以补偿受害人所受的损害为己任。而精神损害赔偿作为国家赔偿的内容之一，同样发挥着补偿损害的作用。3. 抚慰功能说。该说认为，给受害人所受的痛苦以一定的金钱进行补偿，目的并非在于补偿其非财产上的损失，而在于使受害人心理上产生一种满足感，从而从痛苦的体验中解脱出来。4. 调整功能说。精神损害作为一种调整或补充手段，在财产损害赔偿的数额较少时，法官可通过增加精神损害赔偿的数额，以满足受害人的要求。不同学者对上述功能称谓表述略有不同，或主张单一功能，或主张双重功能，亦有三功能、四功能说等[①]。应当说，上述功能并无确切的内涵，而系学者基于不同观点作出的不同理论阐述，即便同一功能的内涵可能也存在分歧。实践中，功能定位的选

---

① 德国通说认为精神损害赔偿具有补偿及抚慰功能，参见王泽鉴：《民法学说与判例研究》（第 2 册），中国政法大学出版社 1998 年版，第 256 页；我国台湾学者曾兴隆主张精神损害赔偿具有填补功能、克服功能及满足功能，参见曾兴隆：《损害赔偿之研究》，台湾 1984 年版，第 28 页；有法国学者主张四功能说，参见曾世雄：《非财产上之损害赔偿》，元照出版公司 2002 年版，第 138 页；《精神损害赔偿数额之评算方法》主张精神损害赔偿的功能在于填补功能、抚慰功能、惩罚功能和权利确认功能。

择可在沿承理论表述的基础上，赋予其特定内涵，并将其置于国家赔偿法的大背景下，综合确定。

三、精神损害赔偿基本原则的确立问题

基本原则是国家赔偿精神损害赔偿的灵魂，它贯穿于精神损害赔偿的规范之中，同时又高于具体规范，体现国家赔偿精神损害赔偿的价值追求。域外精神损害赔偿基本原则主要有赔偿法定原则、全额补偿原则、自由裁量和合理限制原则等，其中全额补偿原则认为：赔偿金可分为象征性赔偿金、补偿性赔偿金、加重赔偿金及惩罚性赔偿金四种形式，赔偿金额依次递增。少数国家如英国明确承认惩罚性赔偿金或加重赔偿金，法国有象征性赔偿金的案例，一般国家均承认补偿性赔偿金，即全额赔偿，且不区分财产损害与非财产损害赔偿同样适用，其目的在于尽可能地使受害人恢复到损害行为没有发生时的状态；国内学者对精神损害赔偿的基本原则有激烈争论，除上述基本原则外，有学者提出合理原则、统筹兼顾原则、高于民事赔偿原则、平等原则、调解优先原则等。分歧主要集中在关于平等原则的争论上。一般认为，精神损害赔偿应当坚持同等情况同等对待，不同情况区别处理的平等原则，主张精神损害抚慰金在全国范围内应当统一。也有观点对此提出异议，认为平等与“相同”不能等量齐观。人的精神价值是相同的，但精神损害抚慰金作为一般等价物的购买力，在不同地区千差万别，所以在当前各省经济发展差异较大的情况下，追求精神损害抚慰金的统一性，可能造成新的不平等。也有折中观点认为，平等原则

是精神损害赔偿制度发展的最终归宿，但立足我国国情，可逐步实现，如首先实现各省范围内的精神损害赔偿的统一，随着地区差异的逐渐缩小，时机成熟后，实现全国范围内的统一。这些关于平等原则的争议为精神损害抚慰金是否需要全国统一提供了思路。

上述原则均可视为确定精神损害抚慰金的原则，这在精神损害赔偿方式上实行金钱赔偿单轨制的国家无疑是适当的。而我国实行精神损害抚慰金加赔礼道歉等非财产赔偿的双轨制模式，作为贯穿精神损害赔偿的基本原则，其确立不仅应在抚慰金数额评算上建立基本框架，还应对不同责任承担方式间的适用作出安排。据此，有观点提出“不同责任方式并重原则”，即确立消除影响，恢复名誉，赔礼道歉与给付精神损害抚慰金同等地位。这一原则确立也不乏立法例，如在我国台湾地区，受害人受到精神损害，既可主张加害人去除侵害，恢复名誉等非财产赔偿，也可以请求金钱赔偿，且两种责任方式不分主次，并重适用，这无疑给我们提供了范例。当然对此原则也有反对观点认为，“金钱赔偿为主，非金钱赔偿为辅的原则”更加符合国家赔偿法规定。这些争论无疑开阔了我们的视野。

四、精神损害赔偿请求权的附从性问题

赞成者将精神利益损害视作侵权损害的连带后果，认为受害人只在人身遭受侵害的情况下方可就其精神利益损害主张赔偿，若只遭受纯粹精神利益损失，则无权主张精神损害赔偿。其实，随着实践发展，英美法系国家普遍认可就单纯的精神损

害提出赔偿请求，精神损害赔偿制度从人身损害赔偿制度的附随部分逐渐走向独立。但从世界范围来看，至少大多数国家不但在实然法上存在精神损害赔偿附从性规则，而且这一规则还起着基础性作用①。

我国民事侵权精神损害赔偿不承认精神损害赔偿请求权的独立性。在国家赔偿领域两种观点相互碰撞，并在争论中逐渐趋同：即在案件终结后，赔偿请求人基于同一事实、理由，就同一赔偿义务机关另行提出精神损害赔偿请求的，人民法院不予受理，但特殊情形除外。这种观点依附现行国家赔偿法规定，无疑是合理的，且符合国家赔偿法定及诉讼经济原则。但对公务人员因被判缓刑而被开除公职情形，其对受害人造成的精神损害不亚于被侵犯人身自由权的损害。调查问卷结果显示，60%的被调查对象认为，对此应当赔偿；13%的被调查对象认为只有出现自杀等其他严重后果方能赔偿；27%的被调查对象则认为受害人限制人身自由赔偿金都没有，更不要说精神损害赔偿了。可见，主张公务人员因判缓刑而被开除公职情形纳入精神损害赔偿范围的呼声甚高，但将其纳入精神损害赔偿范围将挑战羁押赔偿原则和精神损害赔偿请求权的附从性规则。因此该原则应当允许有例外情形，如法院未履行告知义务，法院判处缓刑后改判无罪没有实际羁押的，则可单独提起精神损害赔偿请求。

---

① 鲁晓明："论精神损害赔偿中的附从性规则"，载《现代法学》2009年第31卷第5期。

五、赔偿范围的扩大问题

1. 监视居住是否应当纳入赔偿范围

民法理论上，人格权被区分为精神性人格权和物质性人格权，前者包括姓名权、肖像权、名誉权、荣誉权、人身自由权等；后者指生命权、健康权、身体权。两大法系普遍承认一般人格权的精神损害赔偿，我国国家赔偿精神损害赔偿立法采取列举主义，限定只有物质性人格权及精神性人格中的人身自由权被侵犯时方可主张精神损害赔偿。监视居住是对人身自由的一定限制，与完全限制人身自由的羁押行为有所区别，新《刑事诉讼法》第 74 条规定："指定居所监视居住的期限应当折抵刑期。被判处管制的，监视居住一日折抵刑期一日；被判处拘役、有期徒刑的，监视居住二日折抵刑期一日。"对于违法实施监视居住，是否应当纳入国家赔偿范围，审判实践争议较大：一种观点认为，根据赔偿法定原则，其不属于《国家赔偿法》第 3 条和第 17 条规定的赔偿范围，不能纳入精神损害赔偿范围。另一种观点认为，监视居住是一种限制人身自由的强制措施，违法实施监视居住，理所当然系侵犯人身权的行为，应当纳入赔偿范围。《重庆市实施〈中华人民共和国国家赔偿法〉办法》明确规定违法实施监视居住也应赔偿限制人身自由赔偿金，表明违法监视居住受害人也可获得精神损害赔偿金，这在一定程度上拓展了国家赔偿精神损害赔偿的范围。

2. 财产侵权的精神损害赔偿问题

一种观点认为造成精神损害的原因并不只是因为人格权以

及人身权受到损害，财产权的损失以及其他合法权利的受损也会造成精神损害。另一种观点认为，在受害人的财产权受到侵害时，其受损的主要是财产权，精神损害并不占据主导地位。对因财产权受到侵害时所造成的精神损害，在给予相对人的物质损害赔偿中已一并体现，而无必要单独请求精神损害赔偿。需要注意的是，在民事精神损害赔偿领域，《侵权责任法》第22条明确规定："侵害他人人身权益，造成他人严重精神损害的，被侵权人可以请求精神损害赔偿。"对"具有人格象征意义的特定物"应否纳入赔偿范围则未予规定。从立法机关的相关解释看，实际上是不认可人身权益被侵犯以外其他情形的精神损害赔偿。故在国家赔偿领域，不宜将具有人格象征意义的特定纪念物品因国家侵权行为致永久性灭损而产生的精神损害纳入国家赔偿的范围，以保持法律规定的一致性。

3. 非刑事司法赔偿中的精神损害赔偿问题

目前国家赔偿精神损害赔偿限于《国家赔偿法》第3条和第17条规定的范围。同属侵犯人身权情形，如《国家赔偿法》第38条规定的违法采取对妨害诉讼的人身强制措施，也会致人精神损害，是否需要纳入精神损害赔偿范围，出现了情理与法律规定的矛盾。一种观点认为，《国家赔偿法》第38条规定："人民法院在民事诉讼、行政诉讼过程中，违法采取对妨害诉讼的强制措施、保全措施或者对判决、裁定及其他生效法律文书执行错误，造成损害的，赔偿请求人要求赔偿的程序，适用本法刑事赔偿程序的规定。"而该规定仅指程序方面适用刑事赔偿程序，并非指实体上也可参照，故在非刑事司法赔偿中不存在精神损害赔偿问题。另一种观点认为，《国家赔偿法》规定了行政赔偿、刑事赔偿及非刑事司法赔偿三种赔偿方式，虽对非刑事司法赔偿的规定只有上述第 38 条的规定，而未进一步具体化，但同一部法律不应对具有类似性质的行为区别对待。对非刑事司法赔偿中的人身伤害、违法司法拘留等侵权行为，符合精神损害赔偿条件的，也应当给予精神损害赔偿。实践中，有的法院进行了大胆探索，如广东邵秀申请茂名电白县法院违法司法拘留赔偿一案中，赔偿请求人邵秀因为民事执行问题被法院违法司法拘留 17 天，最后获赔精神损害抚慰金 5000 元。

六、赔偿请求人的确定问题

1. 受害人近亲属的精神损害赔偿问题

一般而言，精神损害包括受害人本人所遭受的精神损害及其近亲属因此而遭受的精神痛苦等。前者被称为直接精神损害，后者为间接精神损害。国家赔偿精神损害赔偿中的精神损害是二者兼而有之还是选择其一，这在实践及理论上均有争议，以“萧山五青年案”中王建平申请浙江省高级人民法院再审无罪赔偿案为例，受害人王建平提出赔偿精神损害抚慰金 300 万元，其中赔偿请求人 200 万元，家人 100 万元。一种观点认为，受害人王建平含冤入狱，其近亲属必然遭受精神痛苦，其有权申请赔偿精神损害抚慰金，国外也有先例，如德国允许近亲属就受惊吓主张精神损害赔偿；另一种观点认为，其近亲属虽然也遭受精神痛苦，但不具有独立申请精神损害抚慰金的资格，支付赔偿请求人的精神损害抚慰金也已经包含对其家属精神抚慰部分。后来浙江省高级人民法院赔偿决定书采纳了后一种观点，即认为在一般情况下，精神损害赔偿的是直接精神损害，而间接精神损害只是确定精神损害抚慰金数额时的酌定因素。但在受害人死亡情形下，可能有所不同。

2. 受害人死亡情形下的请求人确定问题

在受害人死亡时，大多数国家包括我国均许可受害人的近亲属获得精神损害赔偿。如果受害人有多名继承人和具有抚养关系的亲属均要求精神损害赔偿，那么这些人是分别享有自己的精神损害赔偿请求权，还是共享统一的精神损害赔偿请求权？有观点认为，从《国家赔偿法》保护的法益出发，从加害人的赔偿义务考虑，将此种情形下的精神损害赔偿请求权界定为一个由多名亲属共享的请求权更加适宜[①]。且对加害人而言，其赔偿义务也相对确定，不会因为受害人近亲属人数的多寡而导致赔偿义务的不同。对此虽有不同意见，但司法实践中基本采用请求权不可分的观点，如河南高院明确规定，直接受害人死亡，部分赔偿请求人提出精神损害赔偿请求，案件终结后，其他赔偿请求权人基于同一事实提出精神损害赔偿请求的，人民法院不予受理[②]。

3. 部分宣告无罪当事人的请求人资格问题

对部分宣告无罪应否给予精神损害赔偿存有争议，其主要

---

① 参见张新宝、郭明龙："论侵权死亡的精神损害赔偿"，载《法学杂志》2009年第1期；姜冰："国家赔偿中的精神损害赔偿问题研究"，载《国家赔偿办案指南》2013年第1辑。

② 参见《河南省高级人民法院关于刑事赔偿中适用精神损害抚慰金若干问题的指导意见》第3条第2项之规定。其他出台规范的省份基本都持相同观点。

包括两种情形：一是数罪中宣告一罪无罪；二是同一种罪名部分事实宣告不成立。对于第一种情形，根据《最高人民法院关于原判数罪中个罪被改判无罪且该罪刑罚已执行如何适用法律问题的答复》［法赔复（1996）1号］规定，依照审判监督程序再审改判无罪，原判刑罚已经执行的，应理解为针对具体个罪而言，故将此情形列入国家赔偿范围，适用精神损害抚慰金争议不大。关键在于第二种情形，一种观点认为，国家赔偿遵循赔偿法定原则，现行法律、司法解释和最高法院答复等均未规定同一罪名部分事实宣告不成立可予国家赔偿，且此情形与重罪轻判类似，不应给予精神损害赔偿。另一种观点认为，同一种罪名部分事实宣告不成立不仅仅是量刑问题，而是涉及犯罪事实变更的重大问题，与一般的轻罪重判有明显区别。且在同一案中，仅仅因罪名不同，前一种情形予以赔偿，后一种情形不予赔偿，显失公平。为此，浙江高院在“萧山五青年案”中进行了大胆探索，对同一种罪名主要犯罪事实宣告不成立的赔偿请求人田孝平也支付了精神损害抚慰金，取得了良好的社会效果。

七、赔偿义务机关的确定问题

确定赔偿义务机关的立法模式主要有两种，一是集中模式，即设置专门且独立的机构办理国家赔偿的具体事务，赔偿义务主体与侵权主体相分离。二是分散模式，即直接由侵权主体作为国家赔偿精神损害赔偿义务机关。我国《国家赔偿法》采取分散模式，且分散的程度较高。在这样的立法背景下，如果受害人的精神损害是由不同的具体原因（如公安机关对犯罪嫌疑人的身体虐待，法院枉法裁判剥夺被告人较长时间的人身自由）所致，且各个原因均对精神损害具有作用力，应如何承担责任呢？

理论上，有学者将刑事诉讼中对无罪的人作出错误拘留、错误逮捕、错误起诉、错误判刑的国家机关称为连锁型共同赔偿义务机关[①]。对其赔偿义务机关确定，现行国家赔偿法适用程序后置机关为赔偿义务机关原则。对此有观点认为，两个以上的机关均违法且均造成损害后果，却由程序相对靠后的机关作为赔偿义务机关，一方面在各机关隶属不同财政的情况下，容易产生承担经济责任的地域间或上下级间的矛盾，另一方面导致错案责任追究困难[②]。另有观点认为，《国家赔偿法》第21条第2、3、4款之间为递进吸收关系，违法逮捕赔偿吸收违法拘留赔偿，法院错判吸收违法拘留、逮捕等。经法院再审改判无罪的，尽管所有参与刑事诉讼程序的机关可能均与被告人的权益损害相关，但如果将其均列为赔偿义务机关，则不仅程序复杂、难以操作，且可能因这些机关的相互推诿致使受害人的合法权益无法得到及时救济。故国家赔偿法将作出生效判决的人民法院作为赔偿义务机关，即法院不仅要对生效判决后执行所造成的损害予以赔偿，而且要根据受害人的请求，对其在侦查、起诉阶段因拘留和逮捕所造成的损害一并予以赔偿[③]。我们

① 参见袁文进、吴海龙："略论共同赔偿义务机关的确认及赔偿责任的分担"，载《法学评论》1996年第4期。

② 参见罗明举："贯彻实施国家赔偿法几个问题的探讨"，载《法学评论》1996年第1期；袁文进、吴海龙："略论共同赔偿义务机关的确认及赔偿责任的分担"，载《法学评论》1996年第4期。

③ 江必新主编：《〈中华人民共和国国家赔偿法〉条文理解与适用》，人民法院出版社2010年版，第217页。

认为，现行国家赔偿法规定在错案责任追究方面确实存在责任区分不明的缺陷，但从当事人合法权益保护角度看，具有明显的合理性。

回到上述疑问，公安机关在拘留或逮捕过程中虐待、殴打犯罪嫌疑人，法院错判剥夺被告人的人身自由，这是否构成共同侵权？主流观点认为，法院错判不能吸收侦查机关的殴打等事实行为，不能构成共同侵权，也就是说作出生效判决的法院赔偿的范围不包括事实行为引起的国家赔偿。如在拘留阶段，公安机关工作人员刑讯逼供造成的损害由公安机关作为刑事赔偿义务机关。这在实践中引起了争议，如“萧山五青年案”中田伟冬申请浙江省高级人民法院（抢劫杀人）再审无罪赔偿案，田伟冬请求赔偿限制人身自由赔偿金 113.768165 万元和精神损害抚慰金 150 万元（不包括刑讯逼供致伤）。法院决定赔偿后，田伟冬能否就刑讯逼供致伤再申请公安机关赔偿，审判实践比较困惑。

八、非金钱赔偿方式的适用问题

修正后的国家赔偿法首次明确对精神损害予以金钱赔偿，同时将“消除影响，恢复名誉，赔礼道歉”调整至“赔偿方式和计算标准”一章之下，体现了立法将对“赔偿方式”的理解扩大至“国家承担侵权责任方式”范围，即将非财产责任视为赔偿方式的一种。对此争议集中在：

1. 实施主体——对国家机关工作人员是否需要赔礼道歉的争论

赞成观点认为，于情于理，国家机关工作人员有义务对自身错误的职务行为向受害人道歉。反对观点认为，国家工作人员行为是代表国家行使的一种职务行为，应当由国家机关承担相应的责任。实践中法院采纳了后一种观点，如“萧山五青年案”中王建平申请浙江省高级人民法院再审无罪赔偿案中，赔偿请求人王建平提出请求赔偿义务机关浙江省高级人民法院依法责令杭州市公安局萧山区分局办案人员向其当面赔礼道歉。法院在赔偿决定书中明确“王建平经再审宣告无罪后，本院已经向其赔礼道歉。赔偿请求人王建平请求本院依法责令杭州市公安局萧山区分局办案人员向其当面赔礼道歉的请求，本院已向其释明，不属于本院理赔范围”，并驳回其赔偿申请。该赔偿决定确立了赔礼道歉等实施主体为国家，而非履行公务行为的个人的基本原则。

2. 适用条件——对“致人精神损害”的争论

有一种观点认为“致人精神损害”是对适用精神补救的进一步限定，即法定情形与精神损害之间具备因果关系时，方能适用精神补救。另一种观点认为“致人精神损害”不宜看作是对适用精神补救的进一步限定，而宜理解为是对法定情形所包含结果的进一步明确和重申。第二种观点建立在这样一个推论基础上，即只要受害人能够证明其所受伤害符合《国家赔偿法》第 3 条或第 17 条规定的情形，即可推定受害人满足了“致人精神损害”的精神损害救济的准入门槛，除非赔偿义务机关提出相反证据证明。该观点有一定的合理性：当前《国家赔偿法》规定的精神损害赔偿范围较窄，在该范围内适当放宽精神补救的适用条件，有助于更好地抚慰受害人情绪，化解矛盾。且精神补救不涉及金钱给付，不会给国家增加财政负担，它更多的是要求赔偿义务机关出面的一种姿态，表明一种态度。实践中，有的省高院的指导意见明确，赔偿请求人对行政机关、司法机关及其工作人员在行使职权时有《国家赔偿法》第 3 条或者第 17 条规定侵犯人身权情形之一的，可以提出精神损害赔偿请求[①]。

3. 实践操作——对适用方式的争议

对消除影响、恢复名誉的争议主要集中在应否通过登报或其他媒介进行。反对者认为裁判文书上网的规定让本来就公开的赔偿决定书更无登报的必要，且若赔偿义务机关拒不履行则难以强制执行。赞成者认为，消除影响、恢复名誉的范围应当根据侵权影响的范围而定，在侵权范围内登报或通过其他媒介进行，更能抚慰当事人名誉等被侵犯的精神损害。调研中，我们发现了一些比较科学合理的做法，如重庆高院认为，作为一个非公众人物，法院错误定罪量刑的影响范围只是受害人所处的熟人社会，因此对消除影响、恢复名誉，可以到当事人所在的村庄、社区，找到当地村镇干部及周边群众，通过当众宣读决定书形式进行。对赔礼道歉的操作也予以参照。但一个完整的救济方式应当全面考虑，对影响范围已经超出当事人所处的熟人社会的情形，有观点认为，赔偿义务机关应与受害人协商解决，参酌侵权行为直接影响所及、受害人住所地或经常居住地等因素确定履行范围；如果达不成一致意见，则应当应受害人请求在相应范围内通过登报等方式进行。

---

① 参见重庆市高级人民法院《关于审理国家赔偿案件确定精神损害抚慰金的意见》第 1 条规定。

对赔礼道歉的争论集中在是否应当公开进行方面，虽有不同观点，但因公开与不公开并非势不两立，争论的结果便是视情况而定。赔礼道歉功能的发挥在于道歉者的真诚，其对象是受害人本身或其近亲属，而非社会公众，其所救济的内容是受害人因侵权而受到的精神痛苦，因此受害人可选择非公开方式，而不必强调道歉的公开性。甚至公开道歉还可能适得其反，“公开道歉如同罪犯刺字游行一般，不仅不能让道歉者产生内疚，反而形成抵触情绪。”[①] 但为保障受害人获得充分救济，在受害人选择公开道歉的时候，应当公开进行。具体操作方式，一般认为可参酌消除影响、恢复名誉进行。

对非财产精神损害赔偿方式能否强制执行？一种观点认为，赔偿义务机关不履行生效的国家赔偿决定，拒不为受害人消除影响、恢复名誉、赔礼道歉的，人民法院不能强制执行，理由是被执行对象是公、检、法、监狱等公权力机关，《国家赔偿法》也未作规定，采用强制执行方式不妥；另一种观点认为，赔偿义务机关与行政诉讼的被告行政机关等当事人没有区别，人民法院可以强制执行，产生费用由赔偿义务机关负担。

九、精神损害抚慰金的评算问题

对精神损害抚慰金评算方法的争议集中在评算方法、精神损害抚慰金是否应在全国范围内统一，有无必要进行最高额和最低额的限制等问题。

---

① 付翠英：“论赔礼道歉民事责任方式的适用”，载《河北法学》第26卷第4期。

1. 评算方法之争

域外精神损害赔偿金的评算方法主要有酌定赔偿法、分类计算法、限幅数额法、最高限额法、日标准赔偿法、医疗费比例赔偿法等。当然，各国并非仅适用上述某一做法，较为通行的是以法官综合考虑各种因素酌定数额为基础，通过限额幅度、最高额限制等进行适当限制。国内理论界对此亦有研究，比较有代表性观点有参照法、比例法、限额法、酌定法、分类计算法等。实践中，比例法因其操作简单易行而备受关注。比例法初见于浙江高院《关于在国家赔偿审判中确定精神损害抚慰金问题的会议纪要》，该纪要确定精神损害抚慰金一般以受害人人身自由权、生命健康权受损害等国家赔偿金总额的50%为基准，但最低不得少于2000元，最高不得超过受害人人身自由权、生命健康权受损害等国家赔偿金总额。由此确立了最低、最高额限制法和比例法，明确精神损害抚慰金的数额通过与国家赔偿金总额挂钩确定。在最高院举办的几次调研座谈会上，部分高院赞成该意见精神，但认为标准过高，若形成全国统一的规范，应统筹考虑各地区经济发展差异确定合适的基准比例，建议控制在30%左右或者设定一个浮动区间，同时总额也应当控制在合适的范围内，例如国家上一年度职工年平均工资的若干倍以内。也有观点否定该意见，认为基准比例一刀切不符合现有国情，如果在全国范围内设定统一基准，各地参照其他相关因素调整后可能仍然会出现自由裁量权过大的担忧。

2. 精神损害抚慰金数额统一与否之争

该争论主要源自我国经济发展不均衡的现状。经济发展水平较高的地区希望标准不要太低，否则不利于安抚受害人的精神损害，难以化解矛盾；经济发展相对落后的地区则希望标准不要过高，否则财政难以负担，容易将赔偿责任转嫁给赔偿义务机关甚至司法工作人员，还容易造成当事人相互攀比，激化矛盾。当然也有观点从解决个案之间、不同地区之间精神损害抚慰金差异过大这一突出问题出发，主张应当在全国范围内设定统一标准。也有观点认为，人的价值是统一的，但精神损害抚慰金的使用价值是不同的，相同的金钱的购买力在不同地区可能千差万别，所以主张精神损害抚慰金的统一，非但不能实现平等，反而可能造就更大的不平等。这些观点碰撞为最终确定精神损害抚慰金的标准提供了充分的权衡依据。

3. 最低额、最高额限制之争

关于是否要限定最低限额，一般认为，国家赔偿是公权力侵权的结果，较之民事侵权影响更大，且国家精神损害赔偿以造成严重精神损害为支付精神损害抚慰金的条件，如果数额过低则体现不出国家对人权的最起码尊重。司法实践中，大部分法院认识到设定最低限额的宣示意义。至于最低标准应定为多少，则有不同意见。有主张设为国家上年度职工日平均工资的1倍，有主张5000元，多数意见集中在1000—2000元，但无定论。关于最高限额，国家赔偿审判实践中，主流意见是设定最高额限制。就具体数额而言，因地方经济发展水平不同，目前各省高院出台的内部操作规范中有10万、20万、30万、人身损害国家赔偿金的一倍等标准，差距较大。一般认为，设定最高额有利于平衡保障赔偿侵权人合法权益和纳税人利益，使其符合国家财政负担能力和当前经济社会发展水平，体现精神损害抚慰金的补偿性。但不宜如同最低标准那样采用固定金额，而是采用浮动标准，如有观点认为与人身损害赔偿金挂钩，最高不超过人身损害国家赔偿金总额；有观点主张在国家上年度平均工资的7－10倍以内确定等。此外，有观点主张应当允许特殊情形下适度突破，以便于根据个案具体情况确定精神损害抚慰金，实现矫正正义。

4. 准用民事法律规范的争议

有观点认为，国家精神损害赔偿应确立准用民事法律规范原则。理由是，大陆法系国家精神损害赔偿制度基本准用民事侵权法律规范，英美法系亦有类似的精神。精神损害赔偿不应因侵权主体不同而存有差异。当前国家赔偿的主流观点否定这一意见，因为国家侵权与民事侵权在性质与危害程度上均有差异，且当前民事精神损害赔偿数额相比国家精神损害赔偿相对较低，将国家精神损害赔偿准用民事侵权规则，难以补偿、抚慰受害人的精神损害，也难以化解相应矛盾纠纷。

十、冤狱赔偿单独立法是否必要的问题

近年来，全国法院系统开展平反冤假错案活动，有的受害人长期羁押，法院支付了高额的精神损害抚慰金，但社会上普遍反映国家赔偿金不高，而法院高层或学术界则有观点认为精神损害抚慰金偏高，出现了两极评价现象。基于此，有观点认为，冤狱赔偿与行政赔偿、非刑事司法赔偿有明确差异，特别是在涉及精神损害赔偿方面，侵犯人身自由赔偿与侵犯生命、

健康权相比，在性质上和计算方式上有明显不同，可参照台湾“刑事补偿法”立法模式，将刑事赔偿的相关制度独立出来，单独立法。该观点遭到诸多反对，认为基于我国立法传统，不宜制定单独的冤狱赔偿法。鉴于刑事赔偿的特殊性，《国家赔偿法》已经将其区别对待，单独成章。至于精神损害抚慰金的计算问题，在涉及侵犯人身自由和侵犯生命健康权的时候，虽然具体考虑因素有所不同，但其功能定位、赔偿方式、抚慰金评算方法等应当是统一的，单独立法缺乏现实必要性。问卷调查表明，法院系统只有 39% 被调查对象认为应当单独制定《冤狱赔偿法》，50% 的被调查对象认为不需要制定《冤狱赔偿法》，还有 11% 的被调查对象认为不好说，可见冤狱赔偿的单独立法需要深入论证。

第三章　国家赔偿精神损害赔偿的困难及其成因

精神损害赔偿制度在我国建立的时间不长，各方面研究相对缺乏，实务操作存在诸多困难。

一、“严重后果”认定难

何谓精神损害的“严重后果”，最高人民法院没有明确的司法解释。一般认为，精神损害按照严重程度，可分为轻微精神损害、一般精神损害和严重精神损害。一些学者试图从理论上将其作明确区分，虽有精彩论述，但最终都难逃通过精神损害后果或精神损害的外化表现的列举方式，难以明确不同程度精神损害的大致范围。对致受害人死亡、重伤、残疾（含精神疾病）应当认定为精神损害后果严重，实务界已有共识，但对错误羁押、受害人婚姻关系破裂、丧失就业机会、企业破产倒闭等能否认定精神损害后果严重，则见仁见智。具体而言：

一是精神损害赔偿应当考虑哪些因素。审判实践一般从自然人的肉体疼痛和精神痛苦两个方面进行考察。肉体疼痛程度可以职能部门认定的伤残等级判断，有直接的客观依据，精神损害后果严重程度相对容易认定。但精神痛苦更多是主观感受，个体心理抗压能力存在差异，外界难以感知。以赵作海再审无罪国家赔偿案为例，赵作海因犯杀人罪被判处死缓。在服刑期间，他一直没有申诉，后来媒体采访时，他竟然回答已经习惯了监狱生活，其精神痛苦状况就难以判断。又如2010年王鹏申请吴忠市公安局违法拘留赔偿案，王鹏因举报同学在公务员招录中作弊，被宁夏吴忠市公安局违法跨省拘捕9天，王鹏申请赔偿3万元的精神损害抚慰金。吴忠市公安局认为其抓捕行为造成的精神损害后果不严重，最终决定赔偿3000元。但王鹏认为，吴忠市公安局跨省拘捕9天，给其本人和家人带来巨大的精神痛苦，后果严重。赔偿请求人和赔偿义务机关对精神痛苦程度的认识分歧很大。精神痛苦因缺乏相对客观的评判标准，且个体认知、承受能力等千差万别，众说纷纭，尚无定论。

二是精神损害后果严重如何比较。精神损害的主观性决定在不同精神损害的严重程度比较上存在天然困难。如根据《国家赔偿法》第34条第3项的规定，造成死亡的，应当支付死亡赔偿金、丧葬费，总额为国家上年度职工年平均工资的二十倍。对死者生前扶养的无劳动能力的人，还应当支付生活费。司法实践中，有的违法羁押可能长达二十多年，依照《国家赔偿法》规定，其限制人身自由赔偿金可能高于死亡赔偿金，两者的精神痛苦哪个更严重？又如“张氏叔侄案”，从原一审判决的量刑看，张辉一审曾被判处死刑，张高平一审曾被判处无期徒刑，一般认为张辉受到的精神损害后果比张高平严重。但是由于受害人个体的差异，张辉没有其他特别严重的后果，而张高平被定罪量刑后，其怀孕多个月的妻子流产并与其离婚，大女儿为此辍学。更重要的是，由于张高平始终不肯认罪，在狱中遭受巨大的身心折磨。张辉、张高平精神损害严重后果孰轻孰重难以判断，其委托代理人也提议精神损害抚慰金不作区分。故最终综合考虑张辉、张高平被错误定罪量刑、刑罚执行及工作生活受到的影响等具体情况，决定支付相同的精神损害抚慰金。对精神损害后果严重程度的比较问题，尚未形成统一的操作模式。

三是如何查证属实。朱红蔚申请广东省人民检察院无罪逮捕赔偿案，最高人民法院赔偿委员会（2011）法委赔字第4号国家赔偿决定书认为“朱红蔚被羁押875天，正常的家庭生活和公司经营也因此受到影响，应当认定精神损害后果严重”，决定由广东省人民检察院向朱红蔚支付精神损害抚慰金50000元。实践中，对于婚姻关系破裂和本人、家庭成员自伤、自杀以及严重影响生产经营活动，导致企业倒闭或者破产，应当认定造成精神损害后果，并没有多大异议。但对于上述事实证据，如何查证属实？冯光平申请绍兴市中级人民法院再审无罪赔偿案，赔偿请求人冯光平认为，由于绍兴市中级人民法院判决有罪，导致其被羁押无法经营，其在全国各地的汽配店纷纷亏损倒闭，如果进行深入的调查取证，则面临高昂的司法成本问题，与目前能够给予的精神损害抚慰金明显不成比例。法院审判人员只能对赔偿请求人陈述的事实根据内心确信标准予以认定。

二、因果关系确定难

国家赔偿理论普遍认为因果关系是国家赔偿责任的构成要

件之一，但实践中认定因果关系比较复杂。以推定因果关系规则为例，《国家赔偿法》第26条第2款规定：“被羁押人在羁押期间死亡和失去行为能力，赔偿义务机关的行为与被羁押人的死亡或者丧失行为能力是否存在因果关系，赔偿义务机关应当提供证据。”其目的在于保护弱者，因为被羁押人在羁押期间难以收集或保留证据，应当由赔偿义务机关提供证据。但该条款仅规定了举证责任的行为责任，而不是结果责任。举证责任具有客观性，并不是法律规定能轻易改变的。特别是在羁押期间因疾病导致受害人死亡或失去行为能力，是多种因素共同作用的结果，如何认定因果关系，存在许多现实困难。如杨金辉申请义乌市公安局殴打、虐待致伤赔偿案，杨金辉因盗窃罪被判处八个月有期徒刑，在义乌市看守所服刑期间患病，发展至结核性脑膜炎，离开看守所时已经神志不清，最后丧失了行为能力。赔偿请求人杨金辉指控义乌市公安局对其殴打、虐待，导致其身体免疫能力下降。如何分配举证责任是一大难题，并且单纯根据举证责任确定因果关系，有失公允，法院面临两难选择。

近几年的国家赔偿实践对因果关系倾向作宽松理解，呈现出从因果关系向关联因素发展的趋势。如解永明申请巢湖监狱唆使、放纵他人以殴打、虐待等行为致死赔偿案。2011年5月，解永明因犯盗窃罪被判处无期徒刑，在巢湖监狱服刑，期间患病，经送医院抢救无效死亡。最高人民法院2012年10月16日（2012）赔他字第3号《关于监狱管理机关怠于行使法定职责是否承担刑事赔偿责任的答复》称：“巢湖监狱怠于履行职责，未尽到及时转院救治义务，与解永明患病死亡之间存在一定的关联，应当承担相应的赔偿责任。根据《国家赔偿法》第 17 条第 4 项之规定，处理本案应综合考虑该怠于履行职责的行为在损害发生过程和结果中所起的作用等因素，适当确定赔偿数额和比例。”本案受害人死亡的原因是疾病，并不是巢湖监狱怠于履行职责所致。换言之，即使巢湖监狱及时转院救治，解永明未必能避免死亡。根据该答复，在国家赔偿责任承担上，并不要求侵权行为与损害后果之间存在因果关系，而仅仅要求存在一定的关联即可。然而存在多大程度的关联性，就可以推定存在因果关系，是否只要赔偿义务机关有关方面存在违法或违规之处，即推定其存在因果关系，审判实践仍难以把握。

三、全国统一标准难

公正的本质是平等，在适用法律面前人人平等，同样案件同样处理，这是司法公正最本质、最原始、最朴素的要求。社会主义法制统一要求在全国范围内适用法律一致，为此，《国家赔偿法》对限制人身自由赔偿金作了统一规定。但我国是一个十三亿人口的多民族国家，东西部经济发展水平差距很大，同样的国家赔偿金，在西部地区可能是天文数字，在东南沿海地区可能很平常。如王爱调申请绍兴市中级人民法院再审无罪赔偿案，浙江高院赔偿委员会作出决定，绍兴市中级人民法院赔偿王爱调错误羁押 549 天的限制人身自由赔偿金 68861.07 元和精神损害抚慰金 30000 元。赔偿请求人王爱调以与其申请国家赔偿金数额相距甚远为由，至今不肯领取赔偿金。目前东南沿海省市决定支付的精神损害抚慰金明显高于中西部地区，浙江省法院精神损害抚慰金最高已达80万元，河南省法院最高只有20万元。同案同判仅仅要求适用法律相同，即司法方法相同，而不是司法结果相同；尽管由于适用法律相同，在多数时候司法结果也是相同的，但并不是在任何时候司法结果都是相同的。以民事诉讼管辖为例，《民事诉讼法》第162条规定："基层人民法院和它的派出法庭审理符合本法第一百五十七条第一款规定的简单的民事案件，标的额为各省、自治区、直辖市上年度就业人员平均工资百分之三十以下的，实行一审终审。"尽管适用相同的法律规定，但各省管辖的民商事案件的标的额并不一样，这就需要充分兼顾全国各地经济发展不平衡的实际。在审判实践中，高级法院往往具有最终司法确认权，在司法上是一个相对独立的级别。在民事审判中，国家层面的立法或司法解释都没有规定民事精神损害赔偿的标准和数额，一些省、市、自治区高级法院为了规范本地民事精神损害赔偿，纷纷出台了这方面的指导意见或是贯彻意见，使民事精神损害赔偿在省级层面实现了相对统一。在美国，各个州规定的国家赔偿金也不统一，并不影响其司法公正。课题组认为，强调限制人身自由赔偿金实行结果全国统一，可能使同案同判步入误区，不符合中国国情，给全国统一精神损害抚慰金带来了难题。

另外，由于精神损害赔偿理论研究的滞后，即使同样的再审宣告无罪案件，为何各地支付精神损害抚慰金有所差别，尚难以论证清楚。比如浙江省法院"张氏叔侄案"精神损害抚慰金是45万元，河北"赵艳锦案"、河南"李怀亮案"只有10万元、20万元，之所以差距较大，是因为"张氏叔侄案"的真凶出现，法院再审判决是绝对无罪；而河北赵艳锦、河南李怀亮均属疑罪从无，法院再审判决是相对无罪，案情不同，其精神损害抚慰金应当有所区别。但这些区别显然在赔偿决定书中无法讲清楚，如果强调有所区别，则疑罪从无的案件，一旦真凶出现，是否要增加精神损害抚慰金？又会产生新的问题，这些问题的存在也在很大程度上造成了精神损害赔偿案件标准难以统一。而外界在并不了解这些问题的情况下纷纷指责法院同案不同判，使法院陷入尴尬境地。

四、执行难

采用“消除影响，恢复名誉，赔礼道歉”的救济手段来填补精神损害，在私法领域的实施效果很明显——即使在加入了货币救济手段的今天，其在填补人身损害上也具有极高的功效。但是在公法领域，虽然修正前后的《国家赔偿法》都对人身权损害的行为型救济作出了制度安排，实践适用却处于失灵的境地，存在执行难的问题。以赔礼道歉为例，目前赔偿义务机关赔礼道歉主要采取以下几种方式：一是赔偿义务机关工作人员当面口头赔礼道歉，法院记入笔录；二是赔偿义务机关书面赔礼道歉，如发送道歉信等；三是在公共场所张贴国家赔偿决定书或者到当事人所在的村庄、社区，当众宣读国家赔偿决定书；四是赔偿义务机关登报赔礼道歉。赔礼道歉有着特殊的功效。一方面有些当事人宁愿不要赔偿金，也要求赔偿义务机关登报赔礼道歉，其理由是当年法院裁判时也登报宣传过，需要在相同范围内赔礼道歉，以消除影响、恢复名誉。另一方面对于社会关注的冤假错案，赔偿义务机关赔礼道歉实际操作的难度不大，而对于普通的国家赔偿案件，赔偿义务机关因担心赔礼道歉影响司法公信力，或其自身并没有违法或过错，赔礼道歉有代人受过之感，往往消极对待。法院在执行过程中，碍于公、检、法机关互相配合关系，不愿强制执行，甚至不将其写入赔偿决定书主文。

支付国家赔偿精神损害抚慰金同样也存在困难。2010 年《国家赔偿费用管理条例》，取消了赔偿义务机关申请财政部门支付国家赔偿金同时提交追偿报告的要求。但在此之前，安徽、北京、吉林、辽宁等近 10 个省制定的《国家赔偿费用管理规定》或《国家赔偿费用管理办法》，并未作相应的修改，仍然要求赔偿义务机关在申请支付国家赔偿金时提供追偿报告。调研中，东北某市中级人民法院赔偿办主任反映，尽管国务院《国家赔偿费用管理条例》已经作了修改，但由于赔偿金支付程序没有相应修改，法院向赔偿请求人垫付的 300 万元赔偿金至今财政部门尚未“报销”。由于垫付的国家赔偿金挤占了机关自有经费，出于自身经济利益的考虑，许多赔偿义务机关总是想方设法“对抗”，采用诸如其他利益交换、拖延、拒绝等不合法的手段，不履行或者不完全履行赔偿义务。并且，根据 2010 年《国家赔偿费用管理条例》规定，财政部门应当自收到支付申请之日起 15 日内支付赔偿金，这与现行的国库支付制度明显不相衔接。如浙江省财政厅国库管理制度规定，下拨国家赔偿金应当先经省财政厅有关部门审批取得拨款指标，15 日时间显然不够。为了依法按时支付，浙江高级人民法院只好商请财政部门开辟“绿色通道”，提前办理赔偿金的拨款手续，但这只能适用一部分重大影响的国家赔偿案件，并不能保证所有赔偿案件的国家赔偿金能够及时支付。这一问题在全国其他省、市、自治区同样存在，各地法院虽利用自身智慧尽力化解这一难题，但仍未达到制度性解决的程度。

五、追偿追责难

2011—2013 年三年间，浙江省共审理司法赔偿案件 92 件，决定赔偿的有 22 件，赔偿金额 1271.6163 万元，涉精神损害赔偿案件 16 件。在决定赔偿的案件中有 7 件进行了追责，追偿还没有启动，这在全国已属较高比例。当前追偿追责大部分都是由赔偿义务机关自主进行，采取的方式往往是由内设的监察部门调查处理，其行政性明显，司法性、公开性不够，并且存在范围窄、力度小、效率低等问题。而社会民众对于国家赔偿之后的追偿追责则极为关注，“张氏叔侄案”赔偿决定一经公布，相当一部分网民的首要反应是不能由纳税人出钱，要求追偿追责的呼声强烈。国家赔偿追偿追责难成为不争的事实，原因有多方面：

一是客观因素影响。长期以来，司法实践没有认真贯彻刑事诉讼无罪推定原则，疑罪从无的司法理念没有真正树立，并且“审者不判、判者不审”的情况还比较突出，审判人员难以对审理的案件负责。而从人的认知规律看，冤假错案的存在是不可避免的。特别是不少冤假错案实行结果归责原则，其源头是侦查机关的问题，作为最终赔偿义务机关的检察机关、审判机关的行为并没有违法，其与违法侵权承担赔偿责任的要求并不相符，对其追偿追责不合情理。实务界普遍认为①，在刑事追偿中需要考虑刑事诉讼活动如何体现司法机关工作人员的独立性、能动性，如何有效地追诉犯罪，保障公民合法权益的因素，对司法机关工作人员的个人责任应采取严格限制的态度。

二是法律规定不明确。《国家赔偿法》第31条规定："赔偿义务机关赔偿后，应当向有下列情形之一的工作人员追偿部分或者全部赔偿费用：（一）有本法第十七条第四项、第五项规定情形的；（二）在处理案件中有贪污受贿、徇私舞弊，枉法裁判行为的。对有前款规定的责任人员，有关机关应当依法给予处分；构成犯罪的，应当依法追究刑事责任。"《国家赔偿法》第17条第4项规定"刑讯逼供或者以殴打、虐待等行为或者唆使、放纵他人以殴打、虐待等行为造成公民身体伤害或者死亡的。"第5项规定："违法使用武器、警械造成公民身体伤害或者死亡的。"由于人民法院对于职务犯罪没有侦查权，必须由检察机关侦查并提起公诉。作为人民法院，即使发现司法机关工作人员有上述情形，在检察机关没有提起公诉的前提下显然不能直接认定。并且，追偿权属于什么性质？赔偿义务机关如何对非本机关内部的工作人员启动追偿程序？追偿的比例和金额是多少？当事人对追偿决定能否申诉或申请听证？法律规定均不明确。

三是操作阻力大。国家赔偿案件特别是刑事赔偿案件，往

① 江必新主编：《〈中华人民共和国国家赔偿法〉条文理解与适用》，人民法院出版社2010年版，第290页。

往时过境迁，有些证据已经灭失，调查取证比较困难，责任确定更难。从课题组走访公、检、法部门情况看，那些有刑讯逼供行为的人，往往是单位比较敬业的人，深受领导器重和同事拥护，对他们追偿追责，往往会引起同情。还有不少人已经走上领导岗位，掌握一定的职权，对他们追偿追责，牵一发而动全身，阻力可想而知。

六、服判息诉难

精神损害赔偿功能发挥面临不少困难。有的法院将国家赔偿工作看成可有可无，将办理国家赔偿案件视为“自揭家短”，对国家赔偿申请能拒则拒；有的法院对赔偿案件没有积极引导走法治之路，而是习惯走信访解决途径；还有的法院对当事人采取留尾巴的办法，甚至强迫当事人签订放弃赔偿的协议，规避国家赔偿。即使法院立案受理的案件，申诉、上访比例也相当高。据统计，全国每年的司法赔偿案件只有2000多件，赔偿金总额只有8000多万元（据统计2013年全国司法赔偿案件有2050件，赔偿金总额8735.2万元，由于自赔案件和赔偿委员会审理案件重复统计，实际低于统计数），但申诉比例惊人，仅仅最高法院赔偿办一年办理的国家赔偿申诉案件就有300多件。从实际情况看：绝大多数案件赔偿请求人的精神损害抚慰金赔偿请求额都远远高于实际赔偿金额，赔偿请求人认为其精神损害未能得到充分弥补，申诉、信访不断。据调研，当前引发涉法涉诉信访主要有两方面的原因，一是转型时期社会心态和当事人的心理原因，二是确有部分案件有瑕疵或错误。对于前者，只能通过心理疏导解决；对于后者，由于水平和能力等制约，部分案件有瑕疵或者错误不可避免，应通过法定司法监督程序纠正和国家赔偿、补偿，特别是精神损害赔偿等途径化解。由于国家赔偿实行赔偿法定原则，国家赔偿范围有限，标准偏低，不少地区将国家赔偿精神损害抚慰金比照民事赔偿确定，金额不高。而社会公众只关心实际赔偿或补偿金额，对国家赔偿精神损害赔偿没有足够关注，精神损害抚慰金功能发挥比较有限。同时，国家赔偿与涉诉信访关系未能理顺，与相关的司法救助制度等未能有效衔接，非法治的制度机制扮演着国家赔偿的角色。从我们调研掌握的数据来看，目前国家赔偿金与用于处理涉诉信访的司法救助金支出相差悬殊，每年支出的司法救助金至少是国家赔偿金的十倍，甚至数十倍。司法救助占据本应是法定国家赔偿的空间，国家赔偿与涉诉信访出现制度的重叠或真空现象，法治化解决社会矛盾的途径受阻。课题组认为，如何最大限度地发挥国家赔偿精神损害赔偿制度功能，促使当事人服判息诉，是司法实践中亟须解决的问题。

第四章　张氏叔侄强奸赔偿案的精神损害赔偿分析

一、案件回顾

2003 年杭州发生一起“强奸致死案”，嫌疑人张氏叔侄二人终审分别被判死缓和 15 年徒刑，服刑已近 10 载。2013 年 3 月 26 日，浙江省高级人民法院依法对张辉、张高平强奸再审案公开宣判，撤销原审判决，宣告张辉、张高平无罪。同年 5 月 2 日，张辉、张高平分别以再审改判无罪为由，向浙江省高级人民法院申请国家赔偿共计 266 万元。案件审查期间，张辉、张高平又分别就限制人身自由赔偿金及精神损害抚慰金各追加 5 万元，并提出了 3 万元医疗费赔偿请求。同年 5 月 17 日浙江省高级人民法院作出《国家赔偿决定书》，认为张辉、张高平自 2003 年 5 月 23 日被刑事拘留，至 2013 年 3 月 26 日经再审改判无罪释放，共被限制人身自由 3596 日。根据《国家赔偿法》第 33 条“侵犯公民人身自由的，每日赔偿金按照国家上年度职工日平均工资计算”之规定，决定分别支付张辉、张高平侵犯人身自由权赔偿金 65.57306 万元。同时，根据《国家赔偿法》第

35条的规定，综合考虑张辉、张高平被错误定罪量刑、刑罚执行和工作生活受到的影响等具体情况，决定分别支付精神损害抚慰金45万元。至于张辉、张高平提出的律师费因法律尚未规定为国家赔偿范围，医疗费赔偿缺乏相应的事实证据，车辆转卖差价等损失的赔偿义务机关不是浙江省高级人民法院，故未予赔偿。

张辉、张高平再审无罪赔偿案在社会上影响巨大，其中精神损害赔偿被认为“具有里程碑意义”。但社会上也有质疑，为何类似的案件，各地的精神损害抚慰金相差甚大?

二、确定本案精神损害抚慰金需要厘清的几个关系

精神损害，是指侵权行为所导致的致使受害人心理和感情遭受创伤和痛苦，无法正常进行日常活动的非财产上的损害。如精神上的悲伤、失望、忧虑等。相比于肉体，精神上的创伤往往更难以证明和评价，无法用金钱加以衡量，如何对客观存在的精神损害进行赔偿是一个难题。

1. 国家赔偿精神损害抚慰金与民事精神损害赔偿的关系

学界普遍认为精神损害赔偿有三种性质：抚慰性、补偿性和惩罚性。民事赔偿既赔偿直接损失，也赔偿可以预见的损失，其精神损害赔偿纯粹系抚慰性质，实践中有的当事人也仅仅要求具有象征意义的精神损害赔偿，如主张精神损害赔偿金1元。而国家赔偿以赔偿直接损失为主，由于之前限制人身自由赔偿标准偏低，“麻旦旦”案件后法学界要求给予精神损害赔偿的呼声强烈，国家赔偿法修正时增加“精神损害抚慰金”，其立法目

的就是为了弥补限制人身自由赔偿金的不足。精神损害抚慰金具有填补损失的功能，其补偿的性质比较突出。并且由于国家公权力机关的权力作用范围与程度往往较民事主体的影响更为宽泛、深刻，国家侵权损害的结果尤其是精神损害的结果往往比民事侵权精神损害的后果更加严重；而国家财政赔付能力远远超过民事主体的赔偿能力。由于国家赔偿精神抚慰金与民事精神损害赔偿在立法背景、目的、功能、侵权程度和赔偿能力方面均存在显著的区别，故不能将国家赔偿精神损害抚慰金简单等同于民事精神损害赔偿，而应当高于民事精神损害赔偿。

2. 精神损害抚慰金与人身自由权、生命健康权损害等国家赔偿金总额的关系

精神损害是一种无形损害，无法真正计算出确切金额。若赔偿标准定得太高与我国经济发展水平不一致，也不利于对当事人进行合理引导。因此，确定精神损害抚慰金的给付标准要与国家侵权行为造成的精神受损的情形与程度相当，与社会文化与伦理认知程度相当，与地区的经济水平发展相当，既要杜绝当事人的漫天要价，又要防止法官自由裁量空间过大。从审判实践看，需要赔偿精神损害抚慰金的国家赔偿案件，都是人身自由权或生命健康权损害的案件，均存在限制人身自由或医疗费等的赔偿问题。由于我国国家赔偿制度建立时间不长，精神抚慰金又是首次写入国家赔偿法，精神损害抚慰金作为辅助的、补充的赔偿方式，其金额一般不应当高于人身自由权、生命健康权损害等国家赔偿总额。从每年全国支付国家赔偿金额来看，其赔偿金额约五千万左右，由此推断目前全国精神损害

抚慰金总额不可能超过5000万元，其支付的金额完全在国力、财力能够承担范围之内。

3. 精神损害抚慰金与经济补偿的关系

刑事赔偿又称为“冤狱赔偿”，它不同于普通的国家赔偿案件，历史上并不多见，全国也屈指可数。西方国家往往将冤狱赔偿单独立法，适用更高的赔偿标准，仅将行政赔偿称为国家赔偿，适用相对较低的赔偿标准。此外，从近年来冤狱赔偿的实际处理来看，一直存在隐性给付精神损害赔偿金的情形，例如佘祥林、赵作海等案件，事后无不进行高额的经济补偿，实际上承担着精神损害抚慰金的功能。我们认为，经济补偿不能代替国家赔偿，更不能高于国家赔偿，因为经济补偿所用金钱同样系纳税人的钱，与其他赔偿方式一样应由法律明确规定，否则在未经法律授权的情形下，采用金钱补偿的手段就会导致国家赔偿制度虚置，不符合法治导向。对于东南沿海发达地区而言，《国家赔偿法》规定侵犯生命健康权和人身自由权的国家赔偿金标准明显偏低，往往无法使赔偿请求人服判息诉。与其采用经济补偿、信访补助、司法救助等非法律规范内的途径实现抚慰功能，还不如适当提高精神损害抚慰金的金额，更好地发挥国家赔偿审判的职能作用。

三、张氏叔侄强奸案的精神抚慰金数额是如何确定的

1. 精神损害抚慰金与限制人身自由赔偿金、医疗费赔偿金挂钩

精神损害的程度与人身自由权、生命健康权损害的程度往

往成正比例关系，因此精神损害赔偿金与人身自由权、生命健康权损害赔偿金也应成正比例关系。在我国立法和实践中，人身自由权、生命健康权损害赔偿制度已相对成熟，国家赔偿中人身自由权、生命健康权损害赔偿金是主要的赔偿方式，实践中以人身自由权、生命健康权损害赔偿为基数相应划定精神损害赔偿的幅度，不仅操作简单，而且更易被社会认可和接受。浙江高院《关于国家赔偿审判中确定精神损害抚慰金问题的会议纪要》明确，精神损害抚慰金的数额应当以人身自由权、生命健康权损害等国家赔偿总额的 50% 为基准，再根据案件具体情况适当增减，以其总额的 100% 为上限，在这一空间内确定具体数额，这一做法与瑞典及德国的赔偿实践有相通之处。张辉、张高平没有从事任何违法或不当行为，被判有罪纯系冤案，应当适当增加精神损害抚慰金，故“叔侄强奸案”以其限制人身自由赔偿金及医疗费赔偿金总额的 70% 确定精神损害抚慰金是适当的。

2. 适用非法证据排除规则所确定的精神损害抚慰金要高于疑罪从无的案件

河北赵艳锦再审无罪赔偿案与张辉、张高平再审无罪赔偿案情况相似，同样羁押了十年，河北赵艳锦再审无罪赔偿案中河北高院支付了 10 万精神损害抚慰金，张辉、张高平再审无罪赔偿案中浙江高院支付了 45 万精神损害抚慰金，为何相差如此悬殊？精神损害抚慰金可从肉体痛苦和精神痛苦两个方面进行确定。在精神痛苦方面可以从两个角度考虑：一是从侵权方角度，考虑侵权方过错程度、手段、次数与持续时间、侵权行为发生后侵权方的态度等；二是从受害方角度，考虑受害方受害程度、持续时间、谅解程度、社会地位、财产状况与生活状况等。本案中没有证据证明张氏叔侄因为被羁押造成伤残，故浙江省高院驳回了张氏叔侄的医疗赔偿请求。因此，本案的精神损害程度主要从精神痛苦方面进行判断。从侵权方角度考虑，因为运用非法证据排除规则，张氏叔侄被证明完全“清白”，故相较于运用无罪推定原则适用疑罪从无规定被判无罪的河北赵艳锦，国家机关在张氏叔侄被错误定罪的过程中其侵害程度、手段都要远过于河北的赵艳锦案。同时张氏叔侄被错误定罪前从事汽车运输业，收入相当可观，其经济生活状况等各方面均优于河北赵艳锦，所以在张氏叔侄案中确定的精神损害抚慰金也相对较高。

3. 张辉与张高平精神损害抚慰金为何相同

从原一审判决的量刑看，张辉曾被判处死缓，张高平曾被判处无期徒刑，张辉受到的精神损害后果较张高平严重。但是由于赔偿请求人个体的差异，张辉没有其他特别严重的后果。而张高平被定罪量刑后，其怀孕多个月的妻子流产并与其离婚，大女儿为此辍学。更重要的是，由于张高平始终不肯认罪，在狱中承受巨大的心理压力和折磨。张辉、张高平精神损害严重后果孰轻孰重难以互相比较，其委托代理人也提议精神损害抚慰金不作区分。故本案综合考虑张辉、张高平被错误定罪量刑、刑罚执行及工作生活受到的影响等具体情况，决定支付相同的精神损害抚慰金。

“叔侄强奸案”45 万元精神损害抚慰金是建立在对我国法

治进程及我国传统文化及民众心理充分考量之上的，虽然很难说这样的决定已经尽善尽美，但这一大胆尝试检验了学界对于精神抚慰金的确定的系列理论，同时也为以后类似国家赔偿案件的处理积累了经验。

第五章　精神损害赔偿制度在我国民法领域的研究综述[①]

精神损害赔偿与财产损害赔偿，共同构成了民法学上完整的损害赔偿制度。与大陆法系及英美法系一样，我国民事侵权精神损害赔偿亦经历了从否定到肯定再到不断发展完善的曲折历程。通常认为，我国精神损害赔偿制度的设立及发展史上有两座里程碑：

一是《民法通则》的颁布实施。该法第120条规定："公民的姓名权、肖像权、名誉权、荣誉权受到侵害的，有权要求停止侵害，恢复名誉，消除影响，赔礼道歉，并可以要求赔偿损失。"虽该条文本身并未出现"精神损害赔偿"的明确规定，但参与立法的相关人士与学术界的学理讨论，共同促成了司法实践对精神损害赔偿请求的支持。可以说我国精神损害赔偿制度的建立是以《民法通则》的颁布施行为标志，通过立法、司法和学术的互动迈出新中国法治建设史上的重要一步。

二是《最高人民法院关于确定民事侵权精神损害赔偿责任

---

① 本章初稿由浙江工商大学骆梅英教授的研究生方涛撰稿，课题组成员秦新举在此基础上作了修改。

若干问题的解释》的实施。这是新中国历史上第一部系统规范民事侵权精神损害赔偿责任的司法解释，该解释吸收了理论及实务界对精神损害赔偿制度的最新理论成果和司法实践，在精神损害赔偿法律制度和制度建设方面都具有开拓意义，被称为精神损害赔偿制度发展史上的第二座里程碑。此后，2010 年 7 月 1 日施行的《侵权责任法》第 20 条首次在民事立法层面规定"精神损害赔偿"，对我国社会主义法律体系特别是侵权法律制度的完善具有重要意义。

我国民事侵权精神损害赔偿制度起步较晚，法律规定也不尽完善，虽然在一定程度上起到了维护人权和规范司法实践的作用，但是其中关于精神损害赔偿制度的诸多问题在理论界存在很多的争议，尚未形成通说。

一、精神损害的内涵分歧

有观点认为，精神损害系自然人的生理、心理痛苦，如"精神损害是指受害人生理、心理（或精神）上的痛苦，他与财产之增减无直接联系"[①]，"精神损害即非财产上的损害或损失，乃侵权人侵害受害人人身、人格权利而致其心理上的损害"[②]。有观点认为精神损害还包括法人的精神利益减损，如"精神损害是指因行为人的不法侵害行为致使自然人精神痛苦或致自然人、法人及其组织的精神利益减损或丧失"[③]。精神损害

---

① 张新宝、康长庆："《民法总则》实施以来人民法院审理侵害名誉权案件的情况问题和若干对策"，载梁慧星：《民商法论丛》（第 8 卷），法律出版社 1997 年版，第 527 页。

② 邓瑞平："人身伤亡精神损害赔偿研究"，载《现代法学》1999 年第 3 期。

③ 王彦："精神损害赔偿问题研究"，载《河北法学》2000 年第 6 期。

是指对民事主体精神活动的损害。侵权行为侵害公民、法人的民事权利，造成公民心理上、生理上的精神活动和公民、法人维护其精神利益的精神活动的破坏，最终导致精神痛苦和精神利益的丧失或减损[①]。另有观点主张“精神损害是指精神利益损害，又可称非财产利益损害。”“不限于精神或肉体痛苦，也不限于人身权的损害。”该种观点还认为：精神痛苦包括非财产权损害引起的精神痛苦和财产权损害引起的精神痛苦，从而认为“精神损害赔偿不限于非财产损害，也包括财产权损害引起的精神损害赔偿”[②]。

综合而言，关于精神损害赔偿的内涵分歧，主要表现在：其一，是否承认法人和其他组织能够请求精神损害赔偿。一种观点认为，精神损害就是自然人在精神痛苦的时候获得救济的方式，而对于法人而言，不存在精神利益，不可能请求精神损害赔偿。另一种观点认为，自然人与法人以及其他组织都可以成为精神损害的受害者，精神损害包括自然人的精神痛苦以及精神利益的减损或丧失，也包括法人及其他组织的精神利益的减损或丧失。根据此观点，精神损害赔偿的主体范围包括民法上的所有民事主体即自然人、法人和其他组织而不仅仅限于自然人。其二，精神损害的客体是否仅限于人身权，当财产权受到侵害时是否可以要求精神损害赔偿。赞同者认为，精神损害赔偿的客体包括人身权和财产权。不仅受害人的人身权利受到不法侵害可以提起精神损害赔偿之诉，而且当受害人的财产权

① 杨立新：《侵权法论》（下册），吉林大学出版社2000年版，第675页。

② 刘士国：《现代侵权损害赔偿研究》，法律出版社1998年版，第161－162页。

受到侵害而致精神痛苦的，也可以提起精神损害赔偿之诉。如心爱物被毁损产生的精神痛苦，除财产损害赔偿外可请求精神损害赔偿。具有特殊意义的纪念品丢失或受损可提起精神损害赔偿[①]。其三，是否应当使用“非财产损害”的概念代替“精神损害”的概念。“精神损害赔偿”是我国目前法学界最为流行的提法，已经成为约定俗成的概念，而且也为公众所认可。在司法实践中，最高人民法院在司法解释中也使用这一概念。在《侵权责任法》中也正式地使用了“精神损害赔偿”这个概念。由此可以看出，“精神损害”的概念在我国立法中是和财产损害的对应概念出现的。

然而，有学者提出精神损害赔偿只是非财产上损害的一种，两者在内容、救济方式和赔偿的适用方面存在着较大的区别[②]。王利明教授认为，精神损害与非财产损害并非同一个概念，非财产损害是相对财产损害而言，是指权利人所遭受的财产损害以外的损害，它包括了精神损害。在我国，非财产损害的外延应该大于精神损害的外延[③]。张新宝教授认为，所谓“精神损害”，是指法律、法规或司法解释规定可以金钱赔偿作为救济方式的狭义的精神损害，包括受害人的精神痛苦、疼痛或其他严重的精神反常情况。“精神损害只是非财产损害的一部分，外部名誉之损害（社会评价的客观下降、恶化）、死亡、残疾等损害

---

① 王晓平、柳波：“侵权法上精神损害及其赔偿之再探析（上）”，载《广西政法管理干部学院学报》2001 年第 5 期。

② 刘信业、杜文聪、梅龙生：《人身权法论》，南海出版社 2006 年版，第 172 页。

③ 王利明：《侵权行为法研究》（上卷），中国人民大学出版社 2004 年版，第 359 页。

后果是非财产损害，但是不属于精神损害。”① 可见，在“非财产损害”的范围比“精神损害”广这一点上已经达成了共识，而在是否应当用“非财产损害”来取代“精神损害”的概念，还需要有更多的理论支持。本文基于写作需要同时结合我国的立法现状，使用“精神损害”概念。

二、精神损害赔偿的理论依据

受害人遭受精神痛苦后，能否获得法律救济，在民法学上争论了近一个世纪，形成了两种截然不同的观点：反对的观点主要有“人格商品化说”、“精神无法损害补充说”；支持的观点主要有单一功能说、双重功能说、三重功能说等。

（一）反对精神损害赔偿的学说

改革开放之前，极“左”思潮逐渐泛滥，在法学思想领域也逐渐渗透意识形态色彩浓厚的极左法学观点，产生人格商品化说，否定精神损害赔偿。该说认为，人格是高尚的，是无价的，人的生命、身体、名誉、尊严等都不是商品，不能够用金钱来衡量。如果将人与商品等同起来，就是将人类的感情商品化，用金钱赔偿衡量损害本身就是对人格的侮辱，并且玷污了社会的道德情感②。此学说已被当今的民法学说摒弃，魏正瀛教授认为：“精神损害赔偿是近代资本主义国家产生的一种民事责任形式。正如其他民事责任形式一样，资本主义国家可以适用，

---

① 张新宝：“人格权法疑难问题研究”，载王家福主编：《人身权法与法治》，社会科学文献出版社2007年版，第127页。

② 参见关今华：“中国精神损害赔偿制度确立的法哲理基础”，载《福建政法学管理干部学院院报》2003年第1期。

社会主义国家也可以适用，精神损害赔偿与人格商品化并没必然联系。”① 王泽鉴先生认为：“由于社会变迁，思想观念已有改变，在一切价值或精神活动得以金钱衡量之今日，金钱赔偿并非但不足减损人格价值，反而可以提高其被尊敬性，何况民法已广泛承认抚慰金请求权，未尝闻人格价值因此受有影响。”②

否定精神损害赔偿的另一种观点是“精神无法损害补偿说”，认为损害赔偿制度的目的在于消除损害，使权利恢复至损害前的状况，而身体上的痛苦、失去亲人的悲伤等不能用金钱恢复或消除③；对人身造成损害（伤、残、死）是无法补偿的，更不能用金钱赔偿④。然而，反对此种“精神补偿说”的观点认为：“人的人格尊严、生命、身体与健康等确实是无法用金钱来衡量的，也不是用金钱可以交换的，但是一旦侵权行为发生后，一定数额的金钱赔偿也许是迄今为止的法律所能找到的最重要的救济方法。”⑤

（二）支持精神损害赔偿的学说

虽然对于精神损害赔偿的反对一直没有停止，但随着社会的变迁，人们已经意识到精神损害赔偿的正当性，如学者所言：“金钱对于人类的魅力现实折服了大多数学者与立法者，接受与

---

① 魏正瀛：“精神损害赔偿责任的性质和法律适用”，载《政治与法律》1987 年第 6 期。

② 王泽鉴：《民法学说与判例研究》（第 1 册），中国政法大学出版社 1998 年版，第 54 页。

③ 关今华：《精神损害赔偿的认定与赔偿》，人民法院出版社 1996 年版，第 18 页。

④ 佟柔：《民法概要》，中国人民大学出版社 1983 年版，第 314 页。

⑤ 刘春梅：《人身伤害中非财产损害赔偿制度研究》，法律出版社 2010 年版，第 43 页。

非财产上之损害无本质关联性之金钱赔偿，为其赔偿方法。”①从这个意义上来讲，精神损害赔偿的出现并制度化，是民法学的一个创新。而之所以赞同精神损害赔偿，学者的分析多是从该制度的社会功能入手，通过分析来判断其价值。对于精神损害赔偿制度的功能，有如下观点：

1. 单一功能说

对于精神损害赔偿功能，单一功能说又分为以下几种：其一，惩罚功能说。该学说认为，精神损害赔偿制度的功能就是惩罚，即对于行为人实施的侵权行为所进行的惩罚，这一惩罚的目的不是补偿受害人的损失，而是对于实施侵权行为的行为人所具有的主观恶性给予惩罚，通过这种制裁惩罚行为人，以实现法律的正义。在我国最早以王家福为代表，提出了“惩罚功能”这一学说，王家福指出：“甚至在中国这样的早已建立现代侵权赔偿制度的国家，怀着报复惩罚情绪或者寻求正义的心理诉求的当事人至今比比皆是。”② 其二，补偿功能说。杨立新教授认为：精神损害赔偿的首要功能，就是补偿损害。尽管精神损害不是现实的、有形的损害，但它毕竟是一种损害事实。法律肯定精神损害的赔偿制度，就是要肯定其补偿对受害人的作用③。张新宝教授认为：“对精神受到损害的人给与金钱赔偿和补偿的法律救济是十分必要的，受害人可以使用获得的赔偿或补偿金钱，进行一些有利于身心健康的活动，如旅游、休闲、

---

① 曾世雄：《损害赔偿法原理》，中国政法大学出版社2001年版，第390页。
② 王家福主编：《中国民法学·民法债权》，法律出版社1991年版，第443页。
③ 杨立新主编：《侵权责任法》，复旦大学出版社2005年版，第295页。

娱乐等，从中得到乐趣，达到消除或者减轻精神痛苦的目的。”[①] 其三，抚慰功能说。该说认为精神损害赔偿的功能是抚慰，所以，在我国台湾地区，精神损害赔偿金被称为抚慰金。通过给付金钱，并非是为了补偿当事人的损失，而是为了抚慰其受伤的心理，使其在心理上获得满足感，从而从痛苦中解脱出来[②]。其四，调整功能说。该说认为精神损害赔偿是对受害人的一种调整手段，一方面，在财产损害赔偿金额较低的情况下，通过精神损害赔偿给予受害人适当补充，调整赔偿数额；另一方面，也缓和对于损害的具体证明的困难[③]。现在的理论普遍认为，惩罚功能已归入刑法，一般不承认精神损害赔偿的惩罚功能，而到底定位于补偿功能还是抚慰功能抑或其他，则有不同观点。

2. 多功能说

其一，双重功能说。这种观点认为，精神损害赔偿的功能有双重性，具有两种不同的功能，相互作用。其一种意见认为精神损害是具有补偿和满足的双重功能，另一种意见认为精神损害赔偿既具有补偿的功能，又具有制裁的功能[④]。其二，三重功能说。我国台湾学者曾隆兴主张：精神损害赔偿具有三个功能即填补功能、克服功能、满足功能。填补功能是通过给予金钱补偿，填补其精神上的损害或精神上的不利益；克服功能是通过要求行为人支付金钱，使受害人经济上获得利益，帮助受害人克服精神上的损害；满足功能也是抚慰功能，通过金钱补

① 张新宝主编：《侵权行为法》，浙江大学出版社2008年版，第444页。
② 江平主编：《中国侵权责任法教程》，知识产权出版社2010年版，第453页。
③ 于敏：《日本侵权行为法》法律出版社1998年版，第384页。
④ 王利明主编：《中国侵权责任法教程》，人民法院出版社2010年版，第344页。

偿，慰藉其精神上的痛苦和肉体上的痛苦①。对精神损害赔偿的功能论述还有四功能说、五功能说等，不一而足。

三、精神损害赔偿的主体范围

在精神损害赔偿的适用范围问题上，目前理论界在精神损害赔偿主体问题上存在着比较大的争议，尤其是关于精神损害的主体中法人是否可以成为精神损害的对象问题，是学界争论的焦点。

支持者的观点主要有：1. 法人具有权利能力，理应同样可为精神损害赔偿权利人。此种观点认为，法人的权利能力并非来自于法律的拟制，而是其本质适合于作为权利义务主体。自然人因为其权利能力而得到精神损害的主体，则理论上法人也同样可以作为精神损害的权利主体。主要理由是：其一，关于自然人与法人在权利能力上的地位并无不同："权利能力制度是法律制度的一种设计，是先设计的制度，再检视万物，以合乎设计之权利能力制度者，认为其有权利能力。故而，法人与自然人在权利能力上的地位并无不同，都是符合该制度，适于承受权利义务者。"② 其二，关于痛苦之感受：因为法人是组织体而否定其有生理或心理上的痛苦的理由可以接受，但是从自然人作为精神损害赔偿权利主体中已经印证：权利能力之存在不足以支持非财产上损害赔偿请求权，痛苦之感受乃客观认定为已足，实际上有无则非所问③，正如无痛苦感受之自然人，其失

① 曾隆兴：《详解损害赔偿法》，中国政法大学出版社2004年版，第24页。
② 曾世雄：《损害赔偿法原理》，中国政法大学出版社2001年版，第334-336页。
③ 曾世雄：《损害赔偿法原理》，中国政法大学出版社2001年版，第337页。

去知觉并不影响其作为精神损害赔偿的权利主体。

2. 精神利益的丧失或减损，使法人可以作为精神损害赔偿权利主体。这种观点认为，精神损害包括精神痛苦与精神利益丧失，法人的精神损害不包括精神痛苦，而仅指精神利益丧失。精神利益包括人格利益和身份利益，是民事主体人格的基本利益所在，否认法人有精神损害，就等于否认法人的人格，其结果，必然使得本身失去了存在依据。因此法人没有精神损害的这种说法是不准确的①。曾世雄教授从另一个方面对此问题作出了回应：法人机关的感受应当认定为法人的感受，所以，法人也可以有精神损害②。

3. 法人组成人员的精神损害，视为同法人的精神损害。这种观点认为，法人虽然不是生命有机能的组织体，侵害法人的名誉权、荣誉权、名称权不会造成心灵创伤或内心痛苦，但法人也不是虚无主义的产物，而是能独立存在的实体。“从其他组成人员来看，法人是由许多生命的和思维活动的自然人所组成，比如企业法人，它就是由若干决策人员和其他工作人员所组成；如果企业法人的名称被假冒，名誉、荣誉被污损，就会使企业造成签订的合同被解除、已销售的产品被退货等不应有的损失，这必然会严重挫伤法人决策人员的决策情绪以及对职工的劳动、生产热情等造成精神上的损失。其他非企业法人也存在类似的情况。这种精神上损害与对公民个人实施的精神损害是没有什

① 杨立新主编：《侵权责任法》，复旦大学出版社 2005 年版，第 292 页。

② 参见曾世雄：《损害赔偿法原理》，中国政法大学出版社 2001 年版，第 336 - 337 页。

么区别的，如果否认这种对法人的精神损害并拒绝予以赔偿，则不利于维护法人的合法人身利益。"[①]

反对法人存在精神损害的主要论点是：法人是没有情感的，因此不可能会有精神上的痛苦。正如张新宝教授所言："由于法人和其他组织不具有自然人的思想感情，它们不可能出现类似于自然人的精神损害的痛苦、疾痛等，因此不得请求法院判令被告承担精神损害赔偿。但是法人或其他组织的名誉、商誉等受到侵害出现财产损失时，得请求财产上的损害赔偿。"[②] 实践中，我国采用这一观点，不承认法人的精神损害问题。

四、精神损害赔偿的认定标准——"严重性"的界定

在《最高人民法院关于确定民事侵权损害赔偿责任若干问题的解释》中"严重"一词出现了3次，在《最高人民法院关于审理人身损害赔偿案件适用法律若干问题的解释》中"严重"一词出现了1次。在《侵权责任法》中"严重"一词在第22条和第47条出现了2次。但是，何谓"严重"？"严重"的标准是什么？与两部司法解释一样，《侵权责任法》仍然没有给出适当的界定[③]。

目前我国的理论学界鲜有学者对于"严重性"的问题作具体的阐述，有些学者在谈及此问题时也仅仅是一笔带过，比如，有学者认为："对于精神损害，按照其损害的程度不同，分为严

① 胡平：《精神损害赔偿制度研究》，中国政法大学出版社2003年版，第252页。
② 张新宝：《侵权行为法》，浙江大学出版社2008年版，第445页。
③ 江平主编：《中国侵权责任法教程》，知识产权出版社2010年版，第462-463页。

重程度的损害和一般程度的损害。只有严重程度的损害，才受到精神损害赔偿的保护。这是因为随着现代社会的发展，人和人之间的交往越来越密切，在这种交往过程中，无疑会经常发生权利之间的冲突，而这种权利之间的冲突将会产生精神损害，如果所有的精神损害都能够导致精神损害赔偿请求权的产生，则这个社会之间的冲突过于激烈，不利于和谐社会的建立。同时，如果任何微小的精神损害都可以请求赔偿，将造成精神损害赔偿制度的无限扩大，最终导致精神损害赔偿制度的滥用，不利于该制度发挥正当作用。”通过如此多文字的阐述，还是没有对于“严重性”给出清晰的界定，我们认为，只有对“严重性”进行清晰的界定，才可以更好的有利于司法实践的操作。正如刘春梅博士所言：在司法实践中，界定何为“严重”的人物就责无旁贷地落到各个地区、各个法院、各个法官的头上。也正是因为这诸多的“各个”，在判断人身伤害中非财产伤害的“严重性”标准时，也就可以避免地出现了“各个”不同的标准。这对于遭受了同样的非财产损害的受害人来说，就很有可能无法获得相同或者相近的损害认定与损害赔偿金的裁定，其最终的结果就是部分的受害人没有得到公平的保护与救济①。

五、精神损害赔偿的数额认定

我国《侵权责任法》第 22 条虽然规定了精神损害赔偿制度，但是对于其赔偿的基本原则并没有作出具体的规定，因此

① 刘春梅：《人身伤害中的非财产损害赔偿研究》，法律出版社 2010 年版，第 220 页。

在认定精神赔偿数额的过程中各个地方的考虑因素有所差别，在理论界通过对《侵权责任法》第22条及其上述的两个司法解释的解读，关于精神损害赔偿数额的考虑因素没有太大的争议，这些考虑因素包括：（1）侵权人的过错程度，法律另有规定的除外；（2）侵害的手段、场合、行为方式等具体情节；（3）侵权行为所造成的后果；（4）侵权人的获利情况；（5）侵权人承担责任的经济能力；（6）受诉法院所在地的平均生活水平。

在精神损害数额的认定问题上，理论界争议比较大的是具体数额的确定，尤其是是否需要设立“限额”的规定。赞成的学者认为，“目前的法律和司法解释没有规定限额幅度，不利于实务上操作”①，因此，在“立法上规定一个数额幅度或确定一个最高额，是解决精神损害赔偿数额最可行方法”②。而且在我国部分地区的高级法院对精神损害赔偿金的确定有比较细致的规定③。这些规定对于限制法官自由裁量权、实现裁判的统一具有积极作用④。此外，在很多欧洲国家有关精神损害赔偿的实务中，逐步采取了建立各种具体精神损害赔偿表的方式，即针对不同的侵权类型建立了有关精神损害赔偿的判决汇编，并且列举了丧失身体器官或者能力而作出的精神损害赔偿数额⑤。反对

---

① 关今华：“精神损害赔偿数额评定”，载《中国法学》2001年第5期。

② 刘宝玉：“精神损害的赔偿问题探析”，载《法学》1987年第6期。

③ 例如，福建省高级人民法院《关于审理人身损害赔偿案件若干问题的意见》第25条第2款规定：一般侵权行为的精神损害赔偿在1000－10000之间酌情判定；严重侵权行为的精神损害赔偿在1000－50000元之间酌情判定；特别严重侵权行为的精神损害赔偿在50000－100000之间酌情判断。

④ 王利明：《中国侵权责任法教程》，人民法院出版社2010年版，第346页。

⑤ ［德］布吕格迈耶尔、朱岩：《中国侵权责任法学者建议稿及其立法理由》，北京大学出版社2009年版，第159－160页。

的学者认为，对于精神损害进行数额的限制，不仅不符合我国目前的经济状况，而且不便于裁决的最终执行。有学者在评论广东省对精神损害赔偿额规定的下限时称："广东省将赔偿数额确定在5万元以上而且上不封顶，显然不符合我国现阶段的经济发展水平，如果确定的赔偿数额最终导致许多法院判决无法执行，最终会造成法律保护公民人格权目的的落空"，"将抚慰金最低数额确定在5万元以上脱离了我国目前的整体经济发展状况"①。对于上述的两种争论，有学者提出精神损害赔偿的最佳原则是"全面赔偿损害"。也就是说，具体情况具体对待，本着"罚当其罪"、"罪责相当"的观念进行裁决，不能简单的置当事人的利益和社会效益与不顾，脱离实际和精神损害赔偿的应有功能，人为地限制数额进行"一刀切"②。

这些民法上的争论为国家侵权精神损害赔偿制度的建立、发展及完善提供了理论支撑，有些共识被直接引用至国家赔偿领域，有些经与国家赔偿的理论融合，成为有别于民事侵权精神损害赔偿的特别制度。毋庸置疑，滥觞于民事侵权领域的国家赔偿精神损害赔偿制度，其基本法理是相互贯通的。基于此，国内外民事侵权的理论研究成果及司法实践，为我国当前国家侵权精神损害赔偿制度提供了丰富的可供借鉴的经验，甚至是可以"拿来"的"美味佳肴"。

---

① 参见胡平：《精神损害赔偿制度研究》，中国政法大学出版社2003年版，第295页。

② 王太平、盛劲松："驳精神损害赔偿限额论"，载《湖南公安高等专科学校学报》2006年第1期。

第六章　国家赔偿精神损害赔偿制度域外比较[①]

国家赔偿中的精神损害赔偿是近代以来法治理念发展的产物，至第二次世界大战后方逐步建立起来。相较民事侵权精神损害赔偿制度的源远流长，国家赔偿精神损害赔偿制度起步较晚，实际上是对民法相关制度的引入并由此孕育而来。国家赔偿精神损害赔偿制度在大陆法系和英美法系遵循不同的发展轨迹，在立法归属、赔偿范围、赔偿方式等方面有不同选择，但该制度功能的同一性，使得各国国家精神损害赔偿制度随着不断发展完善而殊途同归。本章从大陆法系和英美法系两个方面，以问题为导向，对域外国家赔偿精神损害赔偿制度作一些有益的梳理，以追根溯源，了解域外国家精神损害赔偿发展的基本脉络，总结发展规律，为我国国家赔偿精神损害赔偿制度进一步完善提供有价值的域外借鉴。

一、大陆法系国家赔偿精神损害赔偿制度

大陆法系国家一般有公、私法划分的传统，但在国家赔偿

① 本章初稿由浙江工商大学骆梅教授的研究生谭清值撰稿，课题组成员秦新举在此基础上作了修改。

精神损害赔偿的法律适用上有所不同：德国、意大利、比利时、奥地利等国均准用民事法律规范；日本、韩国的国家赔偿法（不包括《日本刑事补偿法》）属于民事特别法范畴，但两国均在其国家赔偿法中规定了精神损害赔偿的条款，如日本《国家赔偿法》（1947 年）第 4 条第 4 款[①]和韩国《国家赔偿法》（2005 年）第 3 条第 5 款[②]；大陆法系的典型国家法国在国家赔偿上却遵循判例法传统。可见，各国在立法归属上有不同选择，具体制度内容亦有差异。但国家赔偿精神损害赔偿制度的建立大都经历了一个由否定到肯定、从"限定主义"到"非限定主义"[③]、从不予赔偿到有限度赔偿最后扩大到全面赔偿的演进过程。

（一）德国法

德国曾于 1981 年颁布《国家赔偿法》，但实施不到一年即被联邦宪法法院以违反《联邦基本法》为由宣布失效。目前，德国国家赔偿法制度建立在《德国民法典》第 839 条[④]有关公

---

① 该条款规定，国家赔偿的损害范围是依民法典的规定来确定。《日本民法典》第 710 条规定："不问是侵害他人身体、自由或名誉情形，还是侵害他人财产权的情形，依法应当负侵权赔偿责任的，对财产以外的损害，亦应赔偿。"第 711 条规定："害他人生命者，对于受害人的父母、配偶及子女，虽未害及财产权，亦应赔偿损害。"

② 该条款规定："对于生命或身体受侵害的被害人之直系尊亲属、直系卑亲属及配偶；受其他损害的受害人，在总统令所规定标准的范围内，考虑受害人的社会地位、过失程度、生活状况以及损害赔偿金额等因素，应酌情赔偿精神痛苦抚慰金。"

③ 参见沈超："行政侵权精神损害赔偿之发展"，载《黑龙江政法管理干部学院学报》2004 年第 2 期。

④ 该条款规定："（1）公务员故意或有过失地违反其对第三人所负的职务上的义务的，必须向该第三人赔偿因此而发生的损害。公务员只有过失的，仅在受害人不能以其他方式获得赔偿时，才能向该公务员请求赔偿。（2）公务员在判决诉讼事件时违反其职务上的义务的，仅在义务违反属犯罪行为时，才就因此而发生的损害负责任。前句的规定，不适用于以违反义务的方式拒绝或拖延执行职务的情形。（3）受害人故意或有过失地怠于使用法律上的手段避开损害的，不发生赔偿义务。"

务员民事责任的规定，及《联邦基本法》第34条[①]有关国家赔偿责任的规定等基础之上，将国家赔偿责任置于民法规范之中，适用《德国民法典》确立的精神损害赔偿制度，国家对侵权行为承担“完全责任”。

1. 概念界定

在德国法上，精神损害一般被称为“非财产损害”。虽然成文法使用了非财产损害概念，但从未作出界定，而是仅仅从财产的角度作出消极的定义，深刻反映了19世纪的德国民法典起草人并没有意识到精神损害赔偿在损害赔偿法中的重要地位，而是认为损害赔偿法是以财产损害为中心的制度，而精神损害赔偿只是财产损害的附属部分。德国精神损害赔偿经历了从否定到部分肯定直至成长为与财产损害赔偿并列的一个损害赔偿制度。财产损害与非财产损害是德国民法中的一对重要范畴，二者区别主要在于是否可以易于按照金钱来客观确定其金钱价值，或是否包含了个人的情感等只能通过主观方法来确定的利益。[②] 该区分标准亦明确了非财产损害的基本特征，即难以用金钱衡量损失、包含个人情感因素及只能通过主观方法确定相关利益。

2. 制度功能

德国损害赔偿法的目的是填补受害人因侵权行为给民事主体所造成的利益上的损害，这是损害赔偿的共同基础。其不仅

---

① 该条款规定：“任何人在执行委任之公务时，如违反其对第三者的职务上的义务，原则上应由国家或任用他的公共团体负责。”

② ［德］乌尔里希·马格努斯：《侵权法的统一：损害与损害赔偿》，谢鸿飞译，法律出版社2009年版，第141页。

适用于私法的各个领域，也包括公法，国家赔偿精神损害赔偿制度亦概莫能外。对非财产损害赔偿，有一个被广泛承认的功能，即抚慰受害人受伤的情感，平息其报复和惩罚的心理，即所谓的“痛苦抚慰金的抚慰功能”。在某种程度上，虽然抚慰受害人的观念与损害赔偿具有惩罚或者制裁民事违法行为功能的观念有几分类似，但后者却几乎被一致反对。在德国法上，民事诉讼不具有惩罚功能，所以，损害赔偿金判决通常与加害人有无过错或者过错是否严重无关。德国法不承认惩罚性赔偿金。德国最高法院 1955 年所作出的一个判决，被认为是德国司法机关对精神损害赔偿最重要的解释：“精神损害赔偿请求权应当向受害人提供一个补偿其遭受非财产损害的救济，同时也起到令加害人负担使得受害人获得抚慰的功能。”① 该解释中的补偿功能和抚慰功能是德国司法实践中至今坚守的精神损害赔偿金的功能。

3. 赔偿范围

德国在精神损害赔偿立法上采取列举式。《德国民法典》第 253 条规定，非财产损害只有在法律有规定时才能获得赔偿。成文法规定了三种可以请求精神损害赔偿的情形：其一，侵犯生命、身体、健康、自由或其他权利的情形（《德国民法典》第 847 条）；其二，一揽子旅游合同中因假期泡汤的损失（《德国民法典》第 651 条）及雇佣合同中的性别歧视（《德国民法典》第 611 条 a 第 2 款）；其三，品行端正的女方婚约当事人，

① 参见张新宝主编：《精神损害赔偿制度研究》，法律出版社 2012 年版，第 416 页。

因一方过失构成解除婚约的重大理由，致令他方要求解除的[①]。司法实践中，进一步增加了严重侵害人格权利的金钱赔偿。如承认受惊吓的精神损害赔偿，某人看到或者听到其近亲属遭受严重伤害甚至死亡的，有权请求赔偿其生理伤害以及医学上承认的心理伤害。除此之外不能请求赔偿，其理由是，看到可怕的交通事故场景是日常生活中常见的风险。德国法不承认丧失陪伴的精神损害赔偿，婚姻中照顾家庭的一方死亡的，除非有上述情形，且受到严重惊吓，患了医学上承认的疾病的外，其他不能主张精神损害赔偿[②]。上述情形主要针对损害特定人格利益、特定类型的合同违约行为及受惊吓等提供精神救济，并未规定一般人格权的保护条款。随着实践发展，德国通过最高司法行政机关规定、联邦法院判例、颁布单行法等方法，不断扩大人格权保护范围。2002 年《德国民法典》修改，为侵害人格权创设了一个统一并且是一般性的精神损害赔偿请求权，即承认一般人格权侵权的精神损害赔偿。但从本质上看，德国所确立的精神损害赔偿范围，仍属特别限定型，即通过列举方式限定精神损害赔偿的范围。

4. 赔偿方法

德国法上精神损害承担责任的方式主要有两种：一是恢复原状。恢复原状是损害赔偿的首要方法，被认为是保护受害人

---

① 参见王泽鉴：《民法学说与判例研究》（第 1 册），中国政法大学出版社 1998 年版，第 54－55 页。[德] 乌尔里希·马格努斯：《侵权法的统一：损害与损害赔偿》，谢鸿飞译，法律出版社 2009 年版，第 139 页。

② 参见 [德] 乌尔里希·马格努斯：《侵权法的统一：损害与损害赔偿》，谢鸿飞译，法律出版社 2009 年版，第 146 页。

权利的最好方法，也是加害人必须承担的义务。在非财产损害赔偿方面同样适用，且只有在恢复原状时，财产损害和非财产损害才被一视同仁①。二是金钱赔偿。有观点认为，区分财产损害和非财产损害的理由是，非财产损害只能估计，而不能通过金钱来客观评定②。而且德国立法者甚至还表示他们不愿意用金钱赔偿非物质损害，他们也不希望法官在评定非物质损害的金钱赔偿时享有宽泛的自由裁量权③。因此德国成文法并不赞成通过金钱来赔偿非物质损害。由此可见德国立法及司法实践中对非财产损害进行金钱赔偿的谨慎态度。此外，德国法不承认惩罚性赔偿、加重赔偿或名义损害赔偿之类的赔偿方式，非财产损害赔偿也是如此。

5. 数额评定

德国通说认为，非财产损害不能精确按照客观的市场价格评定，而只能估计损害，故不存在关于非财产损害金钱评定的僵硬规则，而是由法官斟酌所有与案件相关的因素进行自由裁量。这些因素包括精神痛苦的严重性、损害的持续后果及受害人的年龄和个体情况、加害人的过错程度、双方的经济状况以及保险情况等。德国非财产损害赔偿金是赔偿所有精神痛苦的

---

① Palandt/Heinrichs Vorbem. vor249 no. 7. 转引自［德］乌尔里希·马格努斯：《侵权法的统一：损害与损害赔偿》，谢鸿飞译，法律出版社 2009 年版，第 139 页。

② Lange（supra note 1）pp. 51 et sep.；Stoll（supra note 13）No. 236. 转引自［德］乌尔里希·马格努斯：《侵权法的统一：损害与损害赔偿》，谢鸿飞译，法律出版社 2009 年版，第 139 页。

③ Motive（zum BGB）Ⅱ 22；See also Stoll，Gutachetn，in：Verhandlungen des 45. Deutschen Juristentanges 1964 Ⅰ（1964），pp. 12 et sep. 转引自［德］乌尔里希·马格努斯：《侵权法的统一：损害与损害赔偿》，谢鸿飞译，法律出版社 2009 年版，第 139 页。

一笔单一数额，法官不能基于不同的目的或不同的时间，分别计算各种痛苦项目的赔偿额，而是综合各种因素概算一个数额。有学者将德国的该评算方法称为酌定赔偿法[①]。由于自由裁量本身的缺陷性，极易导致法官徇私舞弊、滥用司法裁量权等，因此德国联邦法院曾提出“无特殊理由，同类案件裁定的精神损害赔偿数额不得超过以往判例”[②]，即通过确立不得超越既判法原则对精神损害赔偿最高数额进行限制。在德国实践中，对因痛苦和遭遇所产生的精神损害的赔偿数额一般通过医疗费用的价值数额来加以估计[③]。有学者称之为参照医疗费用比例法。[④]在德国，抚慰金指导表在实践中亦有指导功能，该表格包含大量已决案件信息，通常包括损害的类型和严重程度，受害人的年龄、性别、职业状况等。且实践中，不同版本的抚慰金表格不断更新，持续调整的抚慰金表格在被普遍视为具备有价值的方向性指导功能。有观点称之为参照表格法。综合而言，德国精神损害赔偿数额的评定，在确定最高赔偿限额基础上，通过参照抚慰金表格、医疗费用等，由法官综合考虑各种因素进行自由裁量，并得出最终的赔偿数额。

（二）法国法

法国的国家赔偿主要是行政赔偿，也涉及立法赔偿，而司

---

① 参见胡平：《精神损害赔偿制度研究》，中国政法大学出版社 2003 年版，第 271－272 页；车辉：《非财产损害赔偿制度研究》，法律出版社 2011 年版，第 213 页。

② 申政武：“论人格权及人格损害的赔偿”，载《中国社会科学》1990 年第 2 期。

③ See holzschuhur, theoris and caasuuistik des gemeinencicilrechts (ed. 3 leipzig 1864) 1120.

④ 参见关今华主编：《精神损害赔偿数额的确定与评算》，人民法院出版社 2002 年版，第 161 页。

法赔偿则由刑事诉讼法等单行法律予以制定。与德国在国家赔偿领域适用民法规则不同，法国对国家赔偿责任与民事侵权责任作了明确区分，国家赔偿适用属于“公法”的特别规则[①]。法国国家赔偿制度建立初期，行政法院只对能以金钱计算的物质损害判决行政赔偿责任，对精神损害不予赔偿。1961 年最高行政法院在法国公共工程部长诉 Tisserand 家属案中，首次判决赔偿死者近亲属感情上的损害[②]。之后，行政法院逐渐通过判例确立国家赔偿精神损害赔偿制度，并发展到几乎承担全部损害赔偿责任。行政法院和权限争议法庭[③]通过判例所创立的规则是法国赔偿法的主要法律渊源，对于确立精神损害赔偿的原则、类型、限制等，发挥了填补空白的创造性作用。判例制度以极大的灵活性和适应性特征，使法国国家赔偿制度在世界上获得了崇高地位。此外，一些单独立法也确立了精神损害的原则，如《法国刑事诉讼法典》第 3 条第 2 款规定，就由于所追究的犯罪行为所导致的一切损失包括物质损失、人身损害或者精神损害所提起的民事诉讼，都是可以受理的。国家赔偿精神损害赔偿制度虽不适用民法规则，但作为大陆法系的典型代表，法

---

① ［荷］施皮尔主编：《侵权法的统一：对他人造成的损害的责任》，梅夏英、高圣平译，法律出版社 2009 年版，第 116 页。

② 法国最高行政法院在该判决中认为：尽管缺乏物质损害，儿子死亡给父亲造成的痛苦，也可以作为给予父亲赔偿的充分理由。遂判决侵权人予以赔偿，从而开创判决赔偿死者近亲属感情上的损害的先例，标志着对精神损害开始进行“非限定主义”的全面赔偿。

③ 法国实行双轨审判制，行政法院和普通法院彼此独立，分别行使行政审判和司法审判的权力。两个法院系统在具体案件上发生的权限争议由权限争议法庭裁决。权限争议法庭由最高行政法院和最高法院双方同等法官代表组成，司法部长为当然的主席，在法庭表决票数相等时投最后一票，并负责判决的执行。

国民事精神损害赔偿制度有诸多可供借鉴的先进经验。

1. 基础问题

法国法使用非财产损害（dommagepartrimonial）或精神损害（le dommage moral）术语。无论财产损害还是精神损害，按照法国最高法院的看法，原告接受赔偿金的目的都是“为了恢复因为损害被破坏的平衡”。对侵权行为受害人的其他救济方式而言，赔偿也是最重要的目的。除自然人可以提起精神损害赔偿外，社会团体组织等法人也可以根据人格权保护机制，在对方构成商业诽谤、侮辱时，主张精神损害赔偿。

2. 赔偿范围

法国民法典对精神损害的赔偿问题未作特别规定，仅在第1382条规定了一个适用于一切侵权行为的损害赔偿的原则性条文①。究其原因，法国早在1833年的判例就确定了这样一个原则：非财产损害赔偿所适用的规定与财产损害赔偿并无不同。因此通说认为，民法第1382条规定的损害包括财产损害与精神损害在内的所有类型的损害。法国法无类似德国民法规定的以法律明文规定为限的观念，凡非财产损害存在的情形，不问其因人格权、身份权或财产权受侵害，均可请求赔偿②。不仅受害人的直系亲属，而且连旁系亲属、订婚者、认领的子女亦可以由于受害人因事故死亡或伤害造成痛苦为由请求精神损害赔偿。司法实践中，法国认可的精神损害类型十分丰富，并通过大量

---

① 1804年《法国民法典》第1382条规定：“任何行为致他人受到损害时，因其过错致行为发生之人，应对该他人负赔偿责任。”参见罗结珍译：《法国民法典》，中国法制出版社1999年版。

② 参见曾世雄：《非财产上之损害赔偿》，元照出版公司2002年版，第43-44页。

判例形成了可赔偿精神损害的类型化划分。主要有两类，一是人身损害引发的精神损害，包括精神痛苦、乐趣损失、性功能损害、美感损害、青春损失、感情损害等。比较法分析表明，在人身损害赔偿方面，法国被认为是世界上最“慷慨”的国家之一。[①] 二是侵犯人格权引发的精神损害赔偿，法国法对精神损害赔偿保护的人格权范围不作限定，凡是对人格权造成的损害均给予精神损害赔偿。通常而言，人格权只由自然人享有，但社会团体组织也可以依循人格权保护的机制，来保护其商号、良好的声誉、商业形象，以及商业秘密。在对方构成商业诽谤罪行时，法人可以提起附带民事诉讼，要求对方承担精神损害赔偿。不过，法人显然不能主张自然人独有的一些精神损害类型，如情感损害。

3. 赔偿金形式

法国侵权赔偿的一般原则是完全赔偿，该原则要求受害人所有损失都得到赔偿，但不能获得超过其损害的赔偿。除此之外，另有相当于英国法中的名义赔偿的小额损害赔偿金。虽然法官在司法实践中牢固确立了这一赔偿，但因最高法院从未正式承认在原告没有遭受实际损失时可以判决赔偿，这种赔偿还是相当模糊。在作出这种赔偿时，法官很注意不适用象征性赔偿之类的词语，而只是表明：“我们认为，1 法郎恰好赔偿了受害人受到的损失。”法国不承认惩罚性赔偿，最高法院常常要求损害赔偿金的数量不能依据过错的程度或加害人获得的利润等

---

① H. McGregor, International Encyclopedia of Comparative Law, Vol. XI, Torts, chapter IX, personal injury and death, n35er s.

因素有所变化。

4. 数额评定

法国精神损害赔偿数额的评定，经历了一个转变过程。长期以来，法国无精神损害赔偿数额评算的统一适用标准和特殊规则，通常认为精神损害赔偿数额的评算系非理性的过程，应将其交由“法官的智慧”决定，即由法官自由裁量。但现在，主流的观点认为，非财产损害的评定应具有某些程度的理性化，法院已建立了内部的“损害赔偿价目表”，将损害赔偿金的评定区分为不同损害项目，每个项目均单独评定，这些项目加总就是非财产损害。对其他在全国范围内出版的材料，最高法院不禁止参考这些价目表，但通常指出它们仅仅是评定的参考[①]。我国学界通常将法国的该评算方法称为分类法或分类计算法[②]。法国的精神损害赔偿数额正是由上述两种方法相互结合、配合使用而确定的，即先通过分类计算法确定精神损害数额的幅度，在此基础上由法官进行自由裁量确定最终数额。

（三）日本法

日本于1947年制定了《国家赔偿法》，该法第4条规定：“国家或公共团体之损害赔偿责任，除前三条之规定外，依民法之规定。”即日本《国家赔偿法》对国家赔偿责任做了相关规

---

① 参见［德］乌尔里希·马格努斯：《侵权法的统一：损害与损害赔偿》，谢鸿飞译，法律出版社2009年版，第282页。

② 《人格权法新论》（王利明主编，吉林人民出版社1994年版，第300页）及《中国精神损害赔偿制度研究》（郭卫华等著，武汉大学出版社2003年版，第343页）等称“分类法”；《精神损害赔偿数额之评算方法》（《精神损害赔偿数额之评算方法》课题组著，法律出版社2013年版，第169页）称为“分类计算法”。

定，但并不全面，甚至未就国家赔偿的诉讼程序作出任何规定。当出现国家赔偿法未涵盖的问题时，准用民法的相关规定。故日本的各种学理和判例均认为，1947 年的《国家赔偿法》属于民事的特别法，而非行政法。国家赔偿精神损害赔偿也适用民法精神损害赔偿的相关规定。日本民法以《德国民法典》为蓝本，并在此基础上作出一定改进，形成独具特色的民法制度。

1. 赔偿范围

日本精神损害称“财产之外的损害”，现在学界一般均称作“精神损害”。《日本民法典》第 709 条规定：“因故意或过失，侵害他人之权利者，对因此所生损害，负赔偿责任。”第 710 条规定：“无论侵犯他人的身体、自由或者名誉的场合，还是侵害他人的财产权，依照前条（第 709 条）负损害赔偿责任者，对于财产以外的损害也要予以赔偿。”可见，日本精神损害赔偿制度采取概括式立法，设定了损害赔偿责任的一般条款，既可适用于财产损害赔偿，又可适用于精神损害赔偿，且不以法律明文规定为限。日本民法不仅对生命权、身体权、自由权、名誉权等侵害造成受害人精神损害场合允许受害人请求抚慰金，而且在受害人财产权受侵害的场合亦得以请求抚慰金，但实践中仍存诸多限制。

2. 请求主体

《日本民法典》第 711 条规定：“侵害他人生命者，对于被害人的父母、配偶及子女，即使未侵犯其财产权，亦应赔偿损害。”对受害人死亡的情形，其父母、配偶、子女有权请求精神损害赔偿。另外，承认法人的精神损害赔偿，是日本精神损害赔偿制度的一大特色。日本最高裁判所在1964年的一个法人名誉损毁事件的判决中指出："民法第710条只是规定了对财产以外损害也要进行赔偿，但并没有限定损害的内容……所谓抚慰金的支付，不能仅仅理解为是对精神上的痛苦进行慰藉，而应当看作是对一切无形损害的慰藉。因此……无形损害仅仅解释为精神损害，从而以法人没有精神理由判断其没有无形损害……完全是荒谬的。"① 该解释被下级审判多次引用，从而确立了法人可以申请精神损害赔偿的地位。

3. 赔偿数额的评定

日本赔偿数额的评算经历了与德国基本类似的转变过程。日本原来的判例和学说认为，应予赔偿的损害是用金钱无法估算的无形的、精神的、肉体的痛苦。因此在算定赔偿金时，法官应考虑庭审中所出现的各种情况，采取自由裁量的方式确定。日本法院亦确认，赔偿金评算应当考虑当事人双方的社会地位、职业、资产、加害人的动机以及状况、被害人的年龄、学历等各种情况，酌情予以确定。但由此带来实务上因法官的不同导致赔偿金不同的恣意性问题。日本开始探索精神损害赔偿金由酌定转为限制数额原则。如1994年实施的《汽车赔偿责任保险的查定纲要》规定：（1）死亡事故的抚慰金为：受害人是未满18岁少年的情况——1200万日元，受害人是老年人的情况——1100万日元，其他情况——1300万日元；（2）伤害事故的抚慰金为：第1级——1150万日元，第2级——918万日元，第3级——

① ［日］最高裁判所1964年1月28日判决，载《最高裁判所民事判例集》第18卷第1号第136页。

797 万日元，第 4 级——687 万日元，第 5 级——580 万日元，第 6 级——484 万日元，第 7 级——399 万日元，第 8 级——317 万日元，第 9 级——241 万日元，第 10 级——184 万日元，第 11 级——134 万日元，第 12 级——92 万日元，第 13 级——57 万日元，第 14 级——31 万日元[①]。在交通事故造成的人身损害中，也有固定的赔偿金表格，详细规定住院治疗的日赔偿金，不住院治疗的日赔偿金等等。法官只需对案件性质定性，对照固定的赔偿表格，即可确定精神损害赔偿金的数额。有学者称之为固定赔偿法或表格法[②]。

（四）我国台湾

精神损害在台湾"立法"中称"非财产上之损害"，判例及学说中也经常称之为"非财产之损害"、"精神损害"[③]，实务上倾向于认为非财产上损害等于精神痛苦，包括肉体痛苦在内。类似理论观点认为，非财产上之损害实际上即为生理上或心理上（即精神上）痛苦之代名词[④]。精神损害赔偿在台湾立法中称"抚慰金"或"请求赔偿相当之金额"。与德国等大陆法系国家相似，台湾"国家赔偿法"第 5 条规定，国家损害赔偿除依国家赔偿法规定外，适用民法规定。即就国家赔偿未作规定部分，准用民法规范。由此，国家赔偿精神损害赔偿适用民法

① 参见罗丽："日本的抚慰金赔偿制度"，载《外国法译评》2000 年第 1 期。

② 参见魏振瀛、郭明瑞：《民法》，北京大学出版社 2000 年版，第 729 页；刘世友、赵向鸿："刑事附带民事诉讼中精神损害赔偿问题研究"，载《法律适用》2010 年第 7 期。

③ 王泽鉴：《民法学说与判例研究》（第 2 册），中国政法大学出版社 1998 年版，第 244 页。

④ 曾世雄：《损害赔偿法原理》，中国政法大学出版社 2005 年版，第 244 页。

的具体规则。

1. 赔偿范围

我国台湾地区精神损害赔偿权利保护范围的规定与德国相似，采用列举主义模式。精神损害赔偿制度保护的法益具体包括：其一，人格权。依1999年修订后台湾“民法”第195条第1项规定，不法侵害他人身体、健康、名誉、自由、信用、隐私、贞操，或不法侵害其他人格权益而情节重大者，被害人虽非财产上之损害，亦得请求赔偿相当之金额。以概括方式将实现对人格权益的全面保护。其二，身份权。台湾“民法”第195条第3项规定，在不法侵害他人基于父、母、子、女或配偶关系之身份法益而情节重大者，亦可主张精神损害赔偿，确认侵害身份权也得请求精神损害赔偿。值得注意的是，法律对身份权的保护弱于对人格权的保护，要求“情节重大”作为前提条件。其三，因违约而侵犯的人格权。台湾“民法”第227条规定债务人因债务不履行而导致侵权人人格权受侵害的，准用“民法”第192条至第195条及第197条之规定，负损害赔偿责任。可见，特定的违约行为亦可能导致精神损害赔偿。此外，关于法人名誉权受到侵害能否依上述规定主张精神损害赔偿问题，1973年“台上字第2806号”判决认为，公司系依法组织之法人，仅其社会价值与自然人相同而已，其名誉遭受损害，无精神上之痛苦可言。该判决后获得学说上之认同[1]。基本理由是公司名誉遭受侵害，只需登报道歉便可恢复，无需通过精神

① 参见王泽鉴：《民法学说与判例研究》（第2册），中国政法大学出版社1998年版，第243页。

损害赔偿渠道救济。

2. 责任方式

台湾“民法”第18条规定，“人格受侵害时，得请求法院除去其侵害；有受侵害之虞时，得请求防止之。前项情形，以法律有特别规定者为限，得请求损害赔偿或抚慰金。”可见，对精神损害赔偿，台湾地区“民法”突破大陆法系国家普遍采用的金钱赔偿单轨制模式，采用财产责任与非财产责任方式并存的双轨制原则。权利受侵害人既可主张除去侵害、防止侵害等非财产责任，也可以在法律特别规定下请求支付抚慰金。有观点认为，台湾的责任承担方式偏重于责令行为人承担金钱赔偿责任，比较可取，符合国际上精神损害赔偿立法的发展潮流。从精神损害民事责任的发展趋来看，精神损害的物质赔偿应处于主导地位，非财产性民事责任应起辅助作用，这比较顺应人格价值和精神利益应受普遍尊重的理念①。

3. 抚慰金的评定

台湾在抚慰金的评定方面无特殊规则，而是由法院根据案件的案情、情节和所需要考虑的因素，综合确定所需赔偿的数额，有观点称之为综合全部因素法②。实践中，法院判例确定了不同类型的案件所需考虑的不同因素：其一，在伤害案件中，需斟酌的因素包括双方身份、资力、加害程度、加害人主观心理状态以及对精神损害有影响的其他情形，如影响孕妇的胎儿、

① 参见关今华：“从海峡两岸比较构思现代精神损害赔偿制度”，载《亚太经济》2000年第2期。

② 《精神损害赔偿数额之评算方法》课题组：《精神损害赔偿数额之评算方法》，法律出版社2013年版，第188页。

学生的重要考试、失业等。其二，在死亡案件中，被害人的子女可请求赔偿相当的数额。“如何为相当，应酌量一切情形定之，但不得以子女为胎儿或年幼少知不予赔偿或减低赔偿之依据”。计算抚慰金应斟酌死者之余命年数、死者家庭因素、死者是否与家属同居等因素。其三，在名誉被侵害时，自应以实际加害情形与名誉影响是否重大及被害人身份地位与加害人经济状况等关系定之。其四，在离婚情形，通常包括离婚责任之归属、同居期间长短、有无再婚可能、当事人之社会地位及教育程度、原告性别、双方资力以及其他各种情形。学者认为，各因素之间也应当存在分量的区别，加害结果、加害人故意或过失轻重、双方当事人经济状况可能作为主要因素，身份、年龄、地位、职业等因素则可次要考虑之[1]。综合而言，所谓综合全部因素法，只是法官自由裁量时斟酌的因素范围问题，此与酌定赔偿法无异，应被视为酌定赔偿法范畴。

综观大陆法系国家赔偿精神损害赔偿制度，呈如下特征：其一，大陆法系国家的精神损害通常被称之为“非财产”、“非物质”、“财产以外”的损害，均依附财产或物质命名，彰显非财产损害赔偿制度在设立之初的附属地位。但随着学理和实践的发展，非财产损害赔偿的范围不断扩张，逐渐被重视。其二，就非财产损害赔偿立法而言，主要有两种方式：一是列举式，如德国，但目前德国已经通过判例承认了一般人格权，对精神损害的救济已经不再局限于成文法列举的范围，而扩展到一般

① 参见王泽鉴：《民法学说与判例研究》（第2册），中国政法大学出版社1998年版，第261页。

人格权范围，但对财产损害赔偿仍持否定态度。二是概括式，如法国、日本。精神损害赔偿并不以法律明文规定情形为限，各种损害均可能主张精神损害赔偿。其三，就赔偿方式而言。均认可金钱赔偿方式，但对金钱赔偿的性质有不同认识。如德国只有全额赔偿，不承认惩罚性赔偿、加重赔偿、象征性赔偿等，而法国除全额赔偿外，还主张象征性赔偿。另外除金钱赔偿外，两国均主张恢复原状在精神损害赔偿中的作用，特别是德国将其放在承担责任的首要地位。其四，赔偿金评定问题。各国均承认精神损害赔偿的主观性，赋予法官参照各种因素的自由裁量权。但对实践中存在的赔偿数额不统一甚至恣意情形，一般通过设定最高额或价目表等进行必要限制，特别是日本通过固定表格赔偿法算定具体赔偿数额。

二、英美法系国家赔偿精神损害赔偿制度

英美法系国家没有公法与私法的划分，普通法上“法律面前，人人平等”的传统根深蒂固，“一切人都受同一法律支配，无论是国家机关的过错还是公民的过错，造成他人损害的，都承担相同的法律责任”[①]。实践中，国家赔偿责任适用与民事责任相同的规范，国家赔偿精神损害赔偿同样如此。虽然美国和英国分别制定了《联邦侵权赔偿法》（Federal Tort Claim Act）、《王权诉讼法》（The Crown Proceeding Act）等单行法律，但从其性质看其应属于遵循普通法、衡平法规则的民事特别法。随

① 参见董保城、湛中乐：《国家责任——兼论大陆地区行政补偿与行政赔偿》，元照出版公司2005年版，第286页。

着实践发展，英美法系国家普遍认可就单纯的精神损害提出赔偿请求，精神损害赔偿制度从人身损害赔偿制度的附随部分逐渐走向独立。与大陆法系国家相比，英美法系国家的精神损害赔偿范围更加宽泛，对于公民精神权益的保护力度也更大。

（一）英国法

英国奉行人民主权原则，议会拥有至上的地位，具有最高的权威，其立法不受法院的司法审查，不存在立法赔偿问题。对于英国而言，主要涉及中央政府行政赔偿中的精神损害赔偿问题。从法律上讲，英王是英国的政府首脑，是国家权力的象征，英国中央政府的赔偿责任就是英王的赔偿责任。英王在行政上的赔偿责任由 1947 年的《王权诉讼法》规定。该法第 2 条第 1 款将英王赔偿责任定性为“一个达到法定年龄并具有完全行为能力的私人”相当的责任[①]；第 4 条规定，涉及赔偿及捐献的一般法律也同样适用于英王，正如英王是一个普通私人一样[②]。即在英国法上，公共当局及其官员在理论上与私人受同一民事责任法的拘束。针对英王的官员提起的精神损害赔偿诉讼的成立须基于普通的侵权事由，如滋扰、非法人身侵害、违反制定法上的义务等。当然，并不是所有的普通侵权类型可以向

---

① 英王不仅要承担侵权行为责任，还要承担契约责任。《王权诉讼法》只是改变了追诉英王契约责任的程序方面规则，关于英王契约的实体法方面规则没有改变。法院在审理英王的契约责任时，原则上适用一般的契约责任规则，但有几种例外情况不适用一般的契约责任规则。第一，契约不能束缚行政机关的自由裁量权；第二，内容上规定议会拨款的契约；第三，英王的雇用契约。王名扬：《英国行政法》，北京大学出版社 2007 年版，第 182 - 184 页。

② A. W. Bradley and K. D. Ewing: Constitutional and Administrative Law, Longman (an imprint of Pearson Education) 2003, 13edn, p. 758. 转引自张越：《英国行政法》，中国政法大学出版社 2004 年版，第 765 页。

国家请求精神损害赔偿，其必须符合《王权诉讼法》的相应规定且不属于国家赔偿责任的例外情形[①]。

1. 赔偿范围

英国既有精神损害（Psychiatric Illness，Psychiatric Injury）的概念，也有非财产损害（Non - pecuniary Loss）称谓。非财产损害的范围非常广泛，包括肉体疼痛、精神痛苦、生活舒适的丧失、诽谤案中名誉的丧失、恶意诉讼中社会信用的丧失、精神打击以及身体上的不便和不适等。上述精神损害，可以表现为三种形式：一是由身体上的伤害所致的；二是造成了医学上可以识别的精神疾病；三是仅仅表现为担心、焦虑、痛苦或者情感上的伤害。第一类和第二类较易获得赔偿，但第三类则获得赔偿的条件较为严格[②]。随着非财产损害赔偿制度的发展，英国法律实践中还在不断提高非财产损害赔偿金的额度，以期给予受害人更加健全的保障，这是一个大的发展趋势[③]。

2. 赔偿方式

英国法上的精神损害赔偿方式主要有五种：一是赔偿性损害赔偿。赔偿数额与受害人所遭受损失大体相当，以使其恢复到侵权发生前的状态。二是名义赔偿，即被侵害的利益本身不

---

① 国家赔偿责任的例外包括不具备《王权诉讼法》官员限制条件的人员、司法行为、立法行为、军事行为引起的损害，英王行使特权及制定法授权的行为造成的损害，邮政局造成的损害，英王就书面开启、质询、职务执行令、移送令、禁止令、中止令等诉讼上的行为。

② 周琼："论中国精神损害赔偿的事实及相关基础"，华中科技大学博士学位论文，第54－55页。

③ Simon P. Browne. Damages for personal injury：non pecuniary loss ［J］. Journal of Personal Injury Litigation，2000（1）：47－50.

具有直接的经济价值，受害人亦无法证明具体遭受的金钱或财产损失，法院判令数额较小的赔偿，彰显对被告行为的谴责。三是藐视性赔偿，仅适用于侵害名誉侵权，法院虽认可原告的法律上胜诉但不赞成其诉讼行为，所以只判决极少的赔偿金。四是返还利益的赔偿方式。目前对此还有争议，其适用也受限制。一般认为，在被告通过不当侵占原告的财产获得收益时，可以使用返还利益的赔偿方式。五是惩罚性赔偿，法院专门判决一笔较高数额的赔偿彰显对侵害人行为的惩罚。如国家公务员压迫性的、违宪的或恣意的行为及原告在计算后认为从事违法行为所得收益可能超过他应赔偿给被告的损害赔偿金等[①]。

3. 数额评定

非财产损害的共同特征是，在必须用金钱对它们进行评定时，其数额的性质只能是“约定俗成的”，甚至是主观估计的，而不是以市场价格为基础的[②]。基于这种观点，英国通过法官自由裁量确定赔偿数额。之后，随实践发展，英国将损害项目进行明确分类，通过分类的项目计算出各自的赔偿数额，将各项结果相加，得出案件的总的赔偿数额。一是对肉体伤害或对人体某器官的伤害，如侵犯妇女贞操权；二是为精神上或精神病学意义上的伤害，一般称为精神上的打击，如侮辱、诽谤等；三是单纯精神上的伤害，包括侵犯名誉权、自由权等。有学者称之为分类法或分类计算法，为保持一致，我们称之为分类计

---

① 参见胡雪梅：《英国侵权法》，中国政法大学出版社2008年版，第340页。

② ［德］乌尔里希·马格努斯：《侵权法的统一：损害与损害赔偿》，法律出版社2009年版，第88页。

算法。实践中，在人身伤害案件中，法院的做法是为最严重的损害设定一个数额（目前为22万英镑），并由此建立一个“赔偿价目表”，推定不同损害具有相应的严重性。价目表上的价额并非精确固定的，如果原告所受的伤害与一般情况不同，这一价目表可以适度调整。在一些案件中，价目表的极大弹性幅度，体现了损害造成的影响变动不居的性质。即使在伤害的影响大致相同时（如失去一条腿），这个“价目表”也不能视为绝对固定的，因为不同的被告所受的损失不同。如酷爱足球的人失去一条腿的损失比天性安静的人要大得多。在某些案例中（如伤疤和不育），确定损害赔偿金的弹性很大，“价目表”几乎没有任何意义。理论上，法院如果采用其他数额的，应在可比较的基础上予以合理说明。法律委员会最近建议，在侵害较为严重的案件中，非财产损害赔偿金应实质性增加150%－200%[①]。有学者将英国的此做法称为固定赔偿法[②]或限幅数额原则[③]。我们认为根据英国学者的介绍，虽然有相应表格，但赔偿数额仍有差异甚至很大，谈不上固定赔偿，以限幅数额法称之为宜。

（二）美国法

《美国联邦侵权赔偿法》第1346节（b）规定，“对由于任何政府职员在执行职务或工作范围以内的过失的或不法的行为

---

① ［德］乌尔里希·马格努斯：《侵权法的统一：损害与损害赔偿》，法律出版社2009年版，第90－92页。

② 《精神损害赔偿数额之评算方法》课题组：《精神损害赔偿数额之评算方法》，法律出版社2013年版，第195页。

③ 高文英：“国家赔偿制度中精神损害赔偿的建立和完善”，载《中国公安人民大学学报》2004年第6期。

或不行为而引起的财产损坏或丧失、或者人身损伤或死亡的金钱赔偿，如果美国作为一个私人时，依照行为或不行为发生地的法律，将要对请求人负责的情况下，而控告美国请求赔偿的民事案件，地区法院有专有的管辖权。”可见，国家侵权与私人侵权在同等方式和同等限度内，承担相同的侵权赔偿责任。值得特别注意的是，联邦侵权赔偿法规定美国赔偿的范围适用行为地法，包括州的冲突规则在内。如果在适用行为地法时，依其冲突规则的指示适用其他法律，则应当按照冲突规则指向的其他法律来决定国家赔偿的范围。所以在美国法上，国家赔偿的责任没有一个统一的标准，但是《联邦侵权赔偿法》第2680节中规定了14种不适用联邦侵权赔偿法的情形，大致上可以分为三类：一是政府行使自由裁量权；二是职员故意的侵权行为；三是联邦侵权赔偿法指出的特定领域中，其他法律已经规定补救手段。除了上述的三个例外，法院认为还存在两个例外：一是联邦侵权赔偿法没有提到的某些特定领域，如果法律已经规定有唯一的补救手段时；二是其他法律在联邦侵权赔偿法之外，规定某种损害国家不负赔偿责任①。美国在相似私人的责任下承担精神损害赔偿责任，那么只要私人承担的赔偿责任不属于《联邦侵权赔偿法》规定的例外情形，都可以获得精神损害赔偿。

1. 请求赔偿的方式

美国的精神损害被广泛附带于各种人身伤害责任中，但近三四十年来，精神损害作为独立诉因开始被立法认同。在人身

---

① 王名扬：《美国行政法》，中国法制出版社2005年版，第770－771页。

伤害诉讼中，提起精神损害赔偿请求非常普遍，法院一般也会判决一定数额的精神损害赔偿。研究表明，在人身伤害诉讼中，非财产损害赔偿金额在总的赔偿数额中约占60%的比重。与英国法律相似，美国侵权法认为人身遭受损害时的精神损害包括“疼痛和痛苦”以及“安乐生活的丧失”。其中，“疼痛和痛苦”包括恐惧和震惊；对未来的焦虑；内心平静、幸福或精神健康的丧失；因伤引起的不便利等。而“安乐生活的丧失”可能被认定为“疼痛和痛苦”的一个参考因素，也可能被认定为一种独立的损害形式。在美国，独立可诉的精神损害主要有两种情形：其一，行为人故意或严重不负责任地，以极端无理行为导致他人遭受严重精神痛苦①，满足该情形具有两个决定性因素：被告的行为是否能被合理地认为是极端且令人难以接受的行为，以及原告遭受的精神痛苦是否达到了需要法律干预的严重程度。只有当被告的行为在特征上达到骇人，在程度上到达极端，超越了任何一种礼貌的范围，而且恶劣到一个文明社会是在无法容忍的地步，才被要求承担精神伤害的法律责任。轻微的不高兴或不舒服不能成为精神损害侵权的诉因。其二，过失致人严重精神损害。过失导致纯粹精神损害较其他类型案件，具有更强的主观性，法院对此一直持谨慎态度。如医院过失发出电报，告知原告母亲死亡，但事实上其母并未死亡，造成原告精神上的痛苦，法院判决被告应负法律责任。实践中，美国有些州的法院在逐渐缩

---

①《侵权法重述》（第二次）第46条第1项规定：行为人故意或严重不负责任地，以极端无理之行为致他人遭受严重精神痛苦，应就该精神痛苦负责；如因之而致身体上伤害时，亦应就该身体上伤害负责。

小过失精神损害赔偿作为单独侵权之诉的适用范围。

2. 制度功能

美国法中，损害赔偿的一般目的是使原告获得其所受全部损害的赔偿，对疼痛、痛苦等精神损害的赔偿同样适用。需要指出的是，虽美国侵权法明确承认损害赔偿法的惩罚功能，即在恶意极大的违法行为、重大过失及类似行为中，让侵权人得不偿失①，但国家侵权精神损害赔偿不适用惩罚性赔偿，因为多数观点认为，惩罚性赔偿应当以故意的不法行为为前提，不适用于政府的侵权行为②。

3. 赔偿数额评定

传统普通法评定非财产损害的做法是由陪审团决定疼痛与痛苦的损害赔偿金，无须法院作多指示。但法院认为陪审团的裁决“过高”的，可以减少。陪审团的裁决越离谱，就越容易被初审法院或上诉法院减少。但在很大程度上，这一切都是基于直觉作出的③。近年来，一些州对非财产损害赔偿做了最高额限制，具体表现为两种类型，一是就某单独项目的精神损害赔偿规定最高数额，如加利福尼亚州规定，医疗过失案件中的疼痛与痛苦的最高额赔偿限额是25万美元，佛罗里达州立法机关通过了一项法律将痛苦的赔偿金上限规定为45万美元。二是就

① ［德］乌尔里希·马格努斯：《侵权法的统一：损害与损害赔偿》，谢鸿飞译，法律出版社2009年版，第269页。

② 1946年《美国联邦侵权行为法》第2674条规定国家赔偿不溯及于判决前之利息及惩罚性赔偿金。

③ ［德］乌尔里希·马格努斯：《侵权法的统一：损害与损害赔偿》，谢鸿飞译，法律出版社2009年版，第255页。

所有的精神损害赔偿金规定最高限额。如美国在联邦政府 1986 年里根提案中将身心创伤、精神痛苦、感情不幸以及伴侣权丧失等判决金额限定在 10 万美元之内。有观点称此种计算方法为最高额限制法，其他国家也有类似规定，如埃塞俄比亚法律规定，精神损害赔偿数额最高不能超过 1000 埃塞俄比亚元，哥伦比亚法律规定不得超过 2000 比索等。在一些州，当事人可以对非财产损害的赔偿订立一个"按日结算"的协议，即每天按照特定数量的美元计算原告疼痛与痛苦的损害。有观点称之为日标准赔偿法。此外，同德国一样，美国也在司法实践中认为医疗伤势越重，医疗费用就越高，所受精神损害自然就更大。至少在非永久性损害的轻微损害案中，通常做法是，因人身伤害而导致的痛苦和遭受的赔偿数额，一般限制在受害人的特殊损害赔偿数额（作为医疗费用和收入损失）的 3 至 4 倍①。但美国学者认为依此法确定数额偏高，提高因痛苦和遭遇所作的赔偿应通过法律限制在医疗费的 50% 之内②。这种计算方法被称为医疗费比例赔偿法。美国非财产损害赔偿金额的算定正是在上述计算方法下确定的。

综合而言，英美法系国家赔偿精神损害赔偿制度存在如下特征：其一，关于精神损害的称谓，英美法系与大陆法系逐渐融合，通常称非财产损害。其二，精神损害赔偿制度对人格权的保护范围，除包括生命权、健康权、身体权等物质性人格权

---

① See Galiher, The Defendant' s Lawyer looks at Settlements; 34Ins. Couns. J. 65, 68 (1964).

② See Plant, Damage for Pain and suffering; 19 ohio state L. J. 200. 210 - 211 (1985).

外，还包括人身自由、名誉权、荣誉权、隐私权等精神性人格权。允许对精神性人格权单独提起精神损害赔偿，即承认独立的精神损害赔偿请求。与大陆法系国家相比，英美法系认可的精神损害赔偿范围更广。其三，英美法系国家通常承认精神损害赔偿金额算定的主观性。但亦采取了一些措施予以规制，如最高额限制、价目表等，以实现同等条件下的赔偿数额大致相同。

第七章　国家赔偿精神损害赔偿制度理论问题

国家精神损害赔偿制度源自民事侵权责任制度。世界各国国家精神损害赔偿制度，或被置于民法规范之中，适用与民事侵权精神损害赔偿基本相同的法律规范，或依托于本国民法，在国家赔偿法未规定时准用民事精神损害赔偿规范，或虽强调与民事侵权精神损害赔偿制度的差异但从中借鉴经验[①]。国家精神损害赔偿作为一项被现代各国所普遍继受的制度，其基本问题也是争论焦点是精神损害赔偿的基本范畴、赔偿主体、赔偿范围、赔偿方式、赔偿数额评定等，以问题为导向，我们对国内外精神损害赔偿的观点争议进行比较研究。

一、基本范畴

（一）精神损害

域外精神损害赔偿制度渊源已久，但时至今日，作为精神

① 英美法无公法和私法划分的传统，国家精神损害赔偿与民事侵权精神损害赔偿具有同质性；大陆法系国家如德国、日本等规定，在国家赔偿无明确规定的情况下准用民事规范。而我国大陆明确区分国家精神损害赔偿与民事侵权精神损害赔偿，但在一些基本原则上，二者是相通的。

损害赔偿客体的精神损害的概念界定仍莫衷一是，呈两个明显特征：其一，名称不同。大致有两类称谓，一是依附财产、物质损害命名，称非财产、非物质损害；二是称精神损害、精神伤害或精神痛苦。至于哪种称谓更为恰当，各有拥簇。有观点认为，非财产损害的提法更为科学，因为二者并非同一概念，非财产损害包括了精神损害，特别是在法人人格权受到侵害时，虽不能请求精神损害赔偿，但就其非财产损害请求非财产损害赔偿也应准许①。也有观点认为，精神损害概念更为准确，因为其更简洁明了，并突出了对人的精神性权利的保护，体现符合以人为本的法治理念，而非财产损害则显得过于宽泛②。其二，内涵不一。作为一个不断发展的不确定概念，精神损害在不同时期、不同国家，甚至同一国家的不同时期呈不同内涵。综合而言，精神损害主要有三重含义：第一种含义，作为非财产损害的同义语，包括精神痛苦、肉体疼痛、生活乐趣丧失、肢体伤残、社会评价降低等损害，德国、法国学术界往往在此含义下使用精神损害一词；第二种含义，作为生理及心理痛苦的代名词，主要是肉体疼痛和精神痛苦，代表国家如俄罗斯、日本及我国台湾地区；第三种含义，指代单纯精神上的痛苦，仅指特定的精神痛苦，如英国、美国等③。从精神损害赔偿的历史看，非财产损害的最初含义等同于精神痛苦，后来扩大至肉体

① 王利明：《侵权行为法研究》（上卷），中国人民大学出版社2004年版，第359页。

② 吕斌："两岸精神损害赔偿制度的比较分析"，载《安徽大学法学评论》2007年第1辑。类似观点参见刘士国：《现代侵权损害赔偿研究》，法律出版社1998年版，第165页。

③ 参见张新宝：《精神损害赔偿制度研究》，法律出版社2012年版，第14-15页。

疼痛、肢体伤残等，与精神损害的字面含义渐行渐远，只是人们基于历史的惯性继续交替使用非财产损害与精神损害，从而赋予精神损害广泛的内涵。

国内理论界对精神损害的界定，映射不同论述对精神损害赔偿制度的核心观点差异。国内研究民事侵权精神损害赔偿的两本专著对其定义分别为：精神损害是指法律或司法解释规定可以以金钱赔偿作为救济方式的狭义的精神损害，包括受害人精神痛苦、疼痛或其他严重精神反常情况①。我国民法上的精神损害概念系指不法侵害他人人格权，受害人因此而蒙受的生理上或心理上的痛苦。就其具体内容而言，是为精神或身体痛苦②。该两种界定均属狭义的精神损害范畴，值得注意的是前者明显把可以用“消除影响，恢复名誉，赔礼道歉”非金钱救济的精神损害剔除出去，显属不当。在国家侵权精神损害赔偿领域，有的从精神损害赔偿主体、范围及精神损害的外在形式方面进行界定，有的遵从国家赔偿法定原则进行界定，但基本持狭义观点，只是对现行法律关于精神损害赔偿规定的限缩或扩充上持不同意见。

可见：其一，各国通过立法赋予可赔偿的精神损害或非财产损害特定内涵，立法层面上的精神损害不局限于字面意义上的精神痛苦或肉体疼痛，非财产损害也并非指财产之外的所有损害。二者只是对不涉及财产损害但法律或判例认定应予赔偿或学界认为应当赔偿的一类损害的统称，二者范围因国家或区

① 张新宝：《精神损害赔偿制度研究》，法律出版社2012年版，第17页。
② 胡平：《精神损害赔偿制度研究》，中国政法大学出版社2003年版，第54页。

域立法不同存有大小，但不应将其理解为子属关系，将其视为一类事物的同义语更为妥当[①]。其二，精神损害虽可能间接导致财产减损，如因治疗精神疾病而花费医药费，但其与财产损害并无直接关系；其三，并非所有的精神损害都是可赔偿的损害，须有对法律保护的利益造成损失，且法律规定该损失可主张精神损害赔偿。即作为国家承担责任的客体，精神损害并非“自然”意义上的损害，需以国家赔偿法等相关法律规定为限。

（二）精神损害赔偿

精神损害是否可用金钱赔偿的方式加以救济，曾引发民法学上旷日持久的争议，反对精神损害金钱赔偿的学说主要有人格商品化说、道德违反说、精神损害无法补偿说、精神损害无法计量说等[②]；赞同者认为，精神损害赔偿的正当性法理基础是社会正义与法道德（有损害必有救济，要求加害人承担赔偿责任符合矫正正义和法道德）、社会成本与侵权威慑（施加赔偿责任有助于预防侵权行为）、社会利益的衡量（精神损害赔偿责任有助于维护社会和谐）等[③]。尽管反对之声浪仍存，金钱对人类之魅力现实折服了大多数学者与立法者，接受与非财产上之

① 类似观点参见杨立新：《侵权法论》，人民法院出版社2004年版，第686页；周友军：《侵权责任认定：争点与案例》，法律出版社2010年版，第143页。

② 人格商品化说认为人格是高尚的，人的生命、身体、荣誉、尊严等不是商品，不能用金钱来评价，否则会降低人的价值；道德违反说认为，非财产损害有别于财产损害，以金钱方式予以救济违反占支配地位的国民感情；精神损害无法补偿说强调金钱赔偿无法使精神损害恢复到正常状态；精神损害无法计量说以精神损害赔偿在评价上的困难以及不可操作性为由，否定精神损害赔偿的可能性。参见胡平：《精神损害赔偿制度研究》，中国政法大学出版社2003年版，第2－10页。

③ 参见刘春梅：《人身伤害中的非财产损害赔偿研究》，法律出版社2011年版，第53－60页。

损害无本质上关联性之金钱赔偿，为其赔偿方法[①]。纵观各国立法，多数欧洲国家采纳的观点是，金钱赔偿是损害赔偿的首要方式，少数国家将恢复原状作为一般原则[②]。

我国修订前的《国家赔偿法》第五章“其他规定”第 30 条规定，造成受害人名誉权、荣誉权损害的，应当在侵权行为影响范围内，为受害人消除影响，恢复名誉，赔礼道歉。对于消除影响，恢复名誉，赔礼道歉责任方式的法律性质以及该条是否设立了精神损害赔偿一直存有争议。肯定说认为，“消除影响，恢复名誉，赔礼道歉”与支付赔偿金、返还财产、恢复原状等同属于国家赔偿方式，具有同等法律效力[③]。否定者认为，只有具有财产给付性质的责任方式才属于国家赔偿责任的范畴，单纯的精神补救给付只属于国家侵权责任，而不属于侵权赔偿，因此也不属于所谓的精神损害赔偿的范畴[④]。《国家赔偿法》采纳了后一种观点。当初国家赔偿立法之所以没有规定国家侵权精神损害赔偿，主要受“精神损害无法计量说”的影响[⑤]，该

---

① 参见曾世雄：《损害赔偿法原理》，中国政法大学出版社 2001 年版，第 390 页。

② 参见欧洲侵权法小组编著：《欧洲侵权法原则文本与评注》，于敏、谢鸿飞译，法律出版社 2009 年版，第 189 页。

③ 陈春龙：《中国司法赔偿：实务操作与理论探讨》，法律出版社 2002 年版，第 380 页。

④ 类似观点参见高家伟：《国家赔偿法》，商务印书馆 2004 年版，第 244 页；薛刚凌：《国家赔偿法教程》，中国政法大学出版社 1997 年版，第 79 - 80 页；马怀德：《国家赔偿法学》，中国政法大学出版社 2001 年版，第 253 页；马怀德、张红：“论国家侵权精神损害赔偿”，载《天津行政学院学报》2005 年第 7 卷第 1 期。

⑤ 有观点认为“至于是否对受害人给予物质赔偿，考虑到名誉权、荣誉权的损害是一种精神损害，不具有直接的财产内容，尽管这种精神损害可能间接地带来受害人物质上的损害，但是对这种精神损害进行物质估价比较困难，而且国家赔偿责任原则上又只是针对直接损害，因此本法才没有作出予以物质赔偿的规定。”参见胡康生：《中华人民共和国国家赔偿法释义》，法律出版社 1994 年版，第 80 页。

说强调精神损害赔偿在评价上的困难以及不可操作性，从而否定对精神损害予以物质赔偿。修正的《国家赔偿法》首次明确对精神损害予以金钱赔偿，即支付相应的精神损害抚慰金，国家精神损害赔偿制度全面确立。同时修正的《国家赔偿法》将“消除影响，恢复名誉，赔礼道歉”调整至“赔偿方式和计算标准”之下，体现了立法将对“赔偿方式”的理解扩大至“国家承担侵权责任方式”范围。

我们认为，四者均属国家赔偿的责任方式，将“消除影响、恢复名誉、赔礼道歉”从赔偿方式中区分出来，理论意义不大，且无疑弱化其在国家赔偿责任承担中的地位，使原本不受重视又缺乏实践操作规制的责任承担方式更加边缘化。而将其理解为精神损害赔偿方式，树立其与精神损害抚慰金同等的实体性、强制性规定的法律效力，有利于不同责任承担方式间相互弥补，恰当填补受害人的精神损害。

（三）精神损害赔偿请求权

请求权的产生基于两个前提：有精神损害的事实发生及有可提起精神损害赔偿的法律规定。对请求权的争议涉及精神损害赔偿主体的确定问题。

1. 受害人死亡情形的请求权

死者生前如果遭受精神损害，首先是“事实上的精神损害”，这样的精神损害存在可以通过他人的间接证明、常识推断、专家证言等佐证。是否对上述已经被证实的事实上的精神损害予以救济，则是法律层面的问题。以美国判例为代表的肯定说认为，死者生前遭受的此等精神损害可能得到救济，唯在适用方面掌握的条件比较严格。否定说主要对肯定说下的请求权的基础产生质疑，认为受害人在生前遭受痛苦，其精神损害赔偿请求权可能发生，因为受害人生前尚具有主体性，但“痛苦，纵有之，亦将依附于被害人之主体而存在，并随死亡而消逝”[①]。精神损害赔偿应支付给受害者本人方能体现对其精神损害赔偿制度的价值。受害人事后死亡将丧失抚慰的目标，因而其请求权应随主体资格的消灭一并消灭。因此否定对死者精神损害予以救济及该请求权可以继承的观点。

在受害人死亡时，大多数国家包括我国均许可受害人的亲属获得精神损害赔偿。对这种请求权的基础问题，主要有继承说、法定说和精神损害赔偿标的转换说三种观点：继承说认为，既然精神损害赔偿请求权是《国家赔偿法》规定的请求赔偿的权利，那么依据《国家赔偿法》第 6 条第 2 款的规定，就是可以继承的[②]。《日本民法典》第 710 条将财产权和非财产权完全置于同一行列中实施保护，根据最高裁判所的判决，精神损害赔偿请求权可以成为继承的对象，继承人可以主张死者的精神损害赔偿请求权。在判例上精神损害赔偿请求权的继承说已成定论。但在日本学界并不太支持继承肯定说，主要原因是死者无权利能力，死亡的精神损害赔偿请求权一旦归属于死者，再被继承，在逻辑上难以成立[③]。也有人认为，受害人死亡将丧失抚慰的目标，因而其请求权应随主体资格的消灭而一并消灭，

---

① 曾世雄：《损害赔偿法原理》，中国政法大学出版社 2001 年版，第 315－316 页。

② 马怀德、张红：“论国家侵权精神损害赔偿”，载《天津行政学院学报》2005 年 2 月第 1 期。

③ 曾世雄：《损害赔偿法原理》，中国政法大学出版社 2001 年版，第 398－407 页。

近亲属自然不能继承行使这种请求权。《德国民法典》在第847条规定非财产上损害之赔偿请求权不得让与或继承，但已依契约承认或已起诉者不在此限。即在精神损害赔偿请求权产生之后，依“契约承认或已起诉”之前，该请求权具有专属性，一般不得让与、抵消、继承。我国民法持相同观点。法定说否定精神损害赔偿请求权的基础是源自继承，而认为，法条规定近亲属有权提起精神损害赔偿的本意是对于受害死亡的自然人，法律直接赋予其继承人和其他有抚养关系的亲属作为赔偿请求人的地位和权利。换言之，继承人和其他有抚养关系的亲属取得赔偿请求权的依据是法律授权，而非源于继承，此与精神损害的人身专属性相吻合①。赔偿近亲属精神损害说，该观点认为死者不再是民法上的人，当然不能享有民法上的权利和承担民法上的义务。受害人因为丧失生命而遭受的精神损害是无法救济的，也是无法由他人继承的。受害人死者的近亲属之所以应当享有精神损害赔偿请求权，是因为亲人的受害死亡给他们带来了精神痛苦。在受害人死亡的情形下，精神损害赔偿的对象是其近亲属的精神痛苦②。

我们认为，从应然意义上讲，国家赔偿请求权的基础系国家侵权行为致精神损害，而该精神权利作为人格权的内容，同样具有很强的专属性，这就决定了精神损害赔偿的请求权是不能转让和继承的。而精神损害包括因国家侵权导致的受害人的

---

① 参见姜冰：“国家赔偿中的精神损害赔偿问题研究”，载《国家赔偿办案指南》2013年第1辑。

② 参见张新宝、郭明龙：“论侵权死亡的精神损害赔偿”，载《法学杂志》2009年第1期。

精神损害，我们称之为直接精神损害，及因受害人该遭遇导致的其近亲属的精神损害，我们称之为间接的精神损害。直接精神损害属于国家精神损害赔偿的必然客体，而间接精神损害则是确定赔偿方式或计算赔偿数额时应当综合考虑的酌定因素，但在受害人死亡的情况下，因死者的权利能力随死亡而丧失，如果法律再承认其享有精神损害赔偿的请求权，无疑与民法学的基础理论冲突。而此时由对死者的精神救济转由救济其近亲属因受害人死亡所遭受的精神痛苦，于情于理均有据可循，且逻辑上更为顺畅。即在受害人死亡的情况下，精神损害赔偿的直接客体转换成了对其近亲属的精神损害赔偿，受害人生前遭受的精神痛苦等成为衡量精神损害赔偿的酌定因素。

2. 请求权的统一性

在受害人死亡的案件中，如果受害人有多名继承人和具有抚养关系的亲属均要求精神损害赔偿，那么这些人是分别享有自己的精神损害赔偿请求权，还是共享统一的精神损害赔偿请求权？有观点认为，从国家赔偿法保护的法益出发，从加害人的赔偿义务考虑，将此种情形下的精神损害赔偿请求权界定为一个由多名亲属共享的请求权更加适宜①。且对加害人而言，其赔偿义务也相对确定，不会因为受害人近亲属人数的多寡而导致赔偿义务的不同。对此虽有不同意见，但司法实践中基本采用请求权不可分的观点，明确规定，直接受害人死亡，部分赔偿请

---

① 参见张新宝、郭明龙："论侵权死亡的精神损害赔偿"，载《法学杂志》2009年第1期；姜冰："国家赔偿中的精神损害赔偿问题研究"，载《国家赔偿办案指南》2013年第1辑。

求人提出精神损害赔偿请求，案件终结后，其他赔偿请求权人基于同一事实提出精神损害赔偿请求的，人民法院不予受理①。

3. 请求权的附从性

有观点主张精神损害赔偿具有附从性，将精神利益损害视作侵权损害的连带后果，受害人只在人身遭受侵害的情况下方可就其精神利益损害主张赔偿，若只遭受纯粹精神利益损失，则无权主张精神损害赔偿。与此不同，允许单独提起精神损害赔偿亦有立法例。如德国民法承认受惊吓的精神损害赔偿，某人看到或者听到其近亲属遭受严重伤害甚至死亡的，有权请求赔偿其生理伤害以及医学上承认的心理伤害。英国法甚至允许目睹交通事故发生的当事人请求“精神打击”的精神损害赔偿。随着实践发展，英美法系国家普遍认可就单纯的精神损害提出赔偿请求，精神损害赔偿制度从人身损害赔偿制度的附随部分逐渐走向独立。但从世界范围来看，至少大多数国家不仅在实然法上存在精神损害赔偿附从性规则，而且这一规则还起着基础性作用。我们认为，确立请求权的附从性规则是合理的：其一，现行国家赔偿法只规定了侵犯人身权情形下的精神损害赔偿问题，而人身权被侵害的权利人有权主张国家赔偿。即根据现行国家赔偿法规定，有人身权被侵害，方有可能产生精神损害赔偿请求权，而不存在只能依国家赔偿法进行精神损害赔偿的情形。其二，权利人在请求国家赔偿时一并提出精神损害赔偿，符合诉讼经济原则，且在该附带提起原则下，设定赔偿义

---

① 参见河南省高级人民法院《关于刑事赔偿中适用精神损害抚慰金若干问题的指导意见》第3条第2项之规定。其他出台规范的省份基本都持相同观点。

务机关及法院的告知义务，亦利于当事人合法权益的及时维护。其三，当然，该制度设计依附现行国家赔偿法规定，仅为原则性规定，允许有例外情形。如法院未履行告知义务，或因精神损害赔偿范围扩大、侵犯名誉权、缓刑改判无罪等精神损害赔偿情形，则可单独提起精神损害赔偿请求。

二、功能定位

功能系“事物或方法所发挥的有利的作用。”作为事物能够满足某种需求的一种属性，“功能”具有主观精神性和客观物质性。通俗而言，“功能”解决的是“人需要什么”及“ 该项制度设计能满足人的哪些需求”的问题。对这两个问题的不同回答，产生了不同的学说。其实，惩罚、抚慰、补偿或调整功能只是学者对其观点的抽象与概括，并无统一、确切的内涵。对精神损害赔偿制度的功能可从两个层面理解：

其一，主观方面，一个理性的人想通过这项制度得到什么。我们可以做这样的假设：受害人希望精神损害赔偿能填补损害，抚慰伤痛。尽管“金钱无从购买‘同样’之‘非痛苦’以填补损害事故所引生之痛苦，仅止乎购买或可购买‘他样’舒适、方便或乐趣等享受用以掩盖损害事故所引生之痛苦，是为他样填补”①，但这种填补至少应当是足额的、恰当的；赔偿义务机关则希望精神损害赔偿制度不致让其付出过分的代价，尽管“金钱给付可使受害人满足，被害人知悉从加害人取去金钱，其

① 曾世雄：《损害赔偿法原理》，中国政法大学出版社2001年版，第311页。

内心之怨懑将获平衡，其报复之感情将可因此而得到慰藉。对现代人言，纵其已受制度及文明之洗礼，报复之感情尚未完全消逝"，但这种给付至多与其获得的利益或造成的损失持平。这两种利益博弈的理想结果是：赔偿义务机关支付足额的金钱，受害人的精神损害因此得到恰当补偿。

其二，客观方面，这项制度能满足人的哪些需求。制度与自然物不同，它的存在是人为设计的结果。它能满足人的哪些需求和人希望它承载怎样的功能应当是一致的。精神损害赔偿制度的功能定位取决于《国家赔偿法》所追求的目标，也应与精神损害赔偿的方式相协调。在对受害人进行金钱赔偿时，精神损害赔偿应是象征性的抚慰、足额补偿、还是超出损益的惩罚，精神损害赔偿制度功能的主观性已经做出了选择，即对损害的赔偿要足以弥补损害，抚慰伤害的程度。且精神损害赔偿制度应当能够承担这样的功能。乌尔里希·马格努斯在欧洲损害赔偿法的比较报告中得出结论："各国的综合比较表明，财产损害与非财产损害都应全部赔偿。"[①] 从另外的角度讲，虽然精神损害是无形损害，难以用财产的标准精确衡量。但是，借助一些在实践中已基本定型的判断精神赔偿大小的参考因素，通过法官的合理裁量，在客观上可以得出与受害人精神损害程度相当的赔偿数额[②]。即便精神损害赔偿与具体金钱数额客观上无法等量齐观，但作为一项功能定位，精神损害赔偿数额以无限

---

① 参见［德］乌尔里希·马格努斯：《侵权法的统一：损害与损害赔偿》，谢鸿飞译，法律出版社2009年版，第282页。

② 江必新主编：《〈中华人民共和国国家赔偿法〉条文理解与适用》，人民法院出版社2010年版，第320页。

接近抚平伤痛为目标，则无疑符合国家赔偿精神损害赔偿的发展方向。在涉及消除影响等非金钱救济方式时，精神损害赔偿则具有明显的抚慰功能，这种赔偿方式通过对公民受侵害的精神权益给予恢复或弥补，抚慰受害人的精神创伤。消除影响、恢复名誉是使受害人的人格权恢复到原有状态的直接手段，与以支付金钱间接抚慰受害人精神创伤的精神损害赔偿制度相互配合，对受害人予以全面救济。而赔礼道歉的法律化可以有效防止法律的去道德化，可以最大限度地抚慰受害人的精神创伤。

综合上述分析，确定国家精神损害赔偿制度的功能，应从“功能”的特征中寻找其本质属性，从其客观物质性上找到各种利益的平衡点，并将其放置国家赔偿法的大背景下，综合确定。

三、基本原则

纵观域外精神损害赔偿基本原则，主要有：

1. 赔偿法定原则。这一原则在采用列举主义立法模式的大陆法系国家被普遍遵循，如德国、日本等国，通过立法，明确限定精神损害赔偿的范围，即是否给予精神损害赔偿严格依据法律规定的条件和情形。尽管司法实践中，这一原则随精神损害赔偿范围的扩张逐渐通过判例等形式突破，但其基本原则地位依然稳固。

2. 全额补偿原则。理论而言，赔偿金可分为象征性赔偿金、补偿性赔偿金、加重赔偿金及惩罚性赔偿金等四种形式，赔偿金额依次递增。少数国家如英国和爱尔兰明确承认惩罚性赔偿金或加重赔偿金，法国有象征性赔偿金的案例，一般国家均承认补偿性赔偿金，即全额赔偿，其目的在于尽可能地使受害人恢复到损害行为没有发生时他本人应处的地位。

3. 自由裁量和合理限制原则。考察两大法系关于精神损害抚慰金确定的历史，基本都经历了“交由法官智慧”进行自由裁量到通过多种方式进行适当限制的发展轨迹。近年来，基本所有国家在确定精神损害赔偿数额时都有法官自由裁量的因素，即便在适用固定赔偿法的日本[①]，最终仍要由法官在固定幅度内裁量出最终数额。而为了规制法官的自由裁量，基本所有国家都对精神损害赔偿数额的算定进行合理限制，如总额上的最高额、最低额限制[②]、参照日标准协议或医疗费用设定一定比例的限制等[③]。

国内学者对精神损害赔偿的基本原则有激烈争论，除上述基本原则外，有学者提出合理原则、统筹兼顾原则、平等原则、调解优先原则等。分歧主要有：

1. 关于平等原则的争论。一般认为，精神损害赔偿应当坚持同等情况同等对待，不同情况区别处理的平等原则，主张精神损害抚慰金在全国范围内应当统一。也有观点对此提出异议，认为平等与“相同”不能等量齐观。人的精神价值是相同的，但精神损害抚慰金作为一般等价物的购买力，在不同地区千差

① 固定赔偿法又称表格法，日本制定有精神损害赔偿数额的表格，法官只要根据案件性质定性，对照固定的赔偿表格，即可确定精神损害赔偿的数额。

② 如美国加利福尼亚州规定，医疗过失案件中的疼痛与痛苦的最高额赔偿限额是25万美元，弗洛里达州将痛苦赔偿金上限规定为45万美元。

③ 美国、德国等司法实践中认为，医疗伤势越重，医疗费用越高，所遭受的精神损害自然就更大。因此设定精神损害赔偿数额应为医疗费用的一定比例，如美国为3至4倍。

万别。如同样是一百万，在西部可以买数套房，而在北京、上海买一套房亦成奢望。所以在当前各省经济发展差异较大的情况下，追求精神损害抚慰金的统一性，可能造成新的不平等。也有折中观点认为，平等原则是精神损害赔偿制度发展的最终归宿，但立足我国国情，可逐步实现，如首先实现各省范围内的精神损害赔偿的统一，随地区差异的逐渐缩小，时机成熟后，实现全国范围内的统一。这也是平等原则的基本要求。

2. 多原则之争。对精神损害赔偿的原则，学界基本持多原则说，但对哪些原则应当为基本原则又有不同观点。以三原则说为例。有的主张三原则为补偿为主抚慰为辅的原则、赔偿数额逐步提高原则、法官自由酌量原则①；有的主张为综合考虑多种因素原则、适当参照可得利益损失的计算原则、考虑适用判例原则等②。除此之外，还有四原则说、五原则说、六原则说等。

上述主张有重合亦有各自特征，均有其合理性。但这些关于基本原则的论述基本均立足于精神损害抚慰金支付的原则，而未将其放置于整个国家精神损害赔偿制度之中，难免有失偏颇。如前所述，我国在精神损害赔偿方式上实行双轨制，作为贯穿该制度的基本原则，其确定不仅应在抚慰金数额确定上建立基本框架，还应对不同责任承担方式间的适用作出安排。有观点认为，消除影响，恢复名誉，赔礼道歉与支付精神损害抚慰金相比，处于从属地位。有观点认为，二者相互配合，对受

---

① 参见吴建依："论精神损害赔偿"，载《当代法学》2000 年第 2 期。

② 胡惠英、李克荣："精神损害赔偿金的确定依据"，载《河北法学》2001 年第 6 期。

害人进行全面救济，但不能以消除影响、恢复名誉等方式规避精神损害抚慰金赔偿责任。亦有观点将二者等量齐观，认为对国家赔偿的两种赔偿方式均应高度重视，综合而言，基本理由有：其一，非财产赔偿方式对受害人进行精神救济方面具有不可替代的作用，甚至具有比金钱救济更直接、更显著的抚慰功效。当然强调非财产赔偿方式，并非忽视财产责任方式的作用。精神损害的恢复需要一定物质力量的帮助，这是人格恢复的物质性，应树立两种赔偿方式同等重要的地位。其二，将二者一视同仁，目的是使该两种赔偿方式相互配合，综合运用，恰当填补受害人的精神损害。应首先明确二者的适用条件，凡“致人精神损害的”，可予精神救济，凡“造成严重后果的”应依法支付精神损害抚慰金，避免以精神救济规避精神损害抚慰金赔偿责任。其三，在适用上应坚持非财产赔偿方式在先，财产补偿为后的原则。一般而言，精神损害未达到严重程度的，只能主张精神救济。而达到严重程度时，除适用非财产责任的同时，应予受害人精神损害的财产救济。该观点为精神损害赔偿方式立法提供了充分论据。

四、赔偿范围

国家精神损害赔偿的范围是与一个国家的法制状况、财力充裕程度、国家赔偿的原则和范围等因素相联系的，基本上任何权利遭到侵害的精神损害赔偿在大陆法系和英美法系中均可找到立法例。精神损害赔偿范围的确定关系到相对人哪些权利遭受国家侵害可以适用精神损害赔偿的问题。对赔偿范围的理论研究，集中在一般人格权应否纳入进来及因违约、侵犯财产造成的精神损害是否应排除出去的争论上。

1. 一般人格权保护的问题

两大法系普遍承认一般人格权的精神损害赔偿，我国《最高人民法院关于确定民事侵权精神损害赔偿责任若干问题的解释》第 1 条规定："自然人因下列人格权利受到侵害，向人民法院起诉请求赔偿精神损害的，人民法院应当依法予以受理：（一）生命权、健康权、身体权；（二）姓名权、肖像权、名誉权、荣誉权；（三）人格尊严权、人身自由权。"其中，生命权、健康权、身体权，理论上称物质上人格权，是姓名权等精神性人格权赖以存在的前提和物质基础，其受到侵害往往伴随巨大的甚至终身不可逆转的精神损害。值得特别指出的是，人格尊严权在理论上被称为一般人格权，是人格权利一般价值的集中体现，因此，它具有补充法律规定的具体人格权立法不足的重要作用。《最高人民法院关于确定民事侵权精神损害赔偿责任若干问题的解释》的规定实现了精神损害赔偿从具体人格权到一般人格权的发展，是人权司法保护的又一重大进步。我国国家精神损害赔偿立法采取列举主义，严格限定只有法律规定的几种具体人格权被侵害时方可主张精神损害赔偿，未设定一般人格权的保护问题。此不可谓不是一种倒退，因为修订前的《国家赔偿法》第 30 条有关于造成受害人名誉权、荣誉权损害的予以消除影响、恢复名誉、赔礼道歉的规定。对此，有观点主张借鉴民事立法的相关规定，将国家精神损害赔偿的范围由人身权扩展至一般人格权。有观点认为，精神损害赔偿范围应与我国现阶段法制发展状况及经济实力相一致，不宜进一步扩充。

调研中，我们对下列两种情形的精神损害赔偿问题予以重点关注：其一，公务人员被判缓刑而被开除公职，后被宣告无罪情形。我国国家赔偿施行实际羁押赔偿原则，对判处缓刑的因其人身自由未受实际限制，而无法在国家赔偿法中找到赔偿依据，也无法以侵犯名誉权等为由单独提起精神损害赔偿。而对公务人员因被判缓刑而被开除公职情形，其对受害人造成的精神损害不亚于被侵犯人身自由的损害，而国家却不予赔偿。调查问卷结果显示超过60%的法官认为应当赔偿，13%的法官认为除非出现自杀等其他严重后果方能赔偿；另外一部分法官则认为受害人被限制人身自由都没有赔偿金，更不要说精神损害赔偿了。可见，即使主张将公务人员被判缓刑而被开除公职情形纳入精神损害赔偿范围的呼声甚高，但也面临制度障碍，一是实际羁押赔偿原则问题，二是精神损害赔偿请求权的附从性问题。其二，被监视居住的精神损害赔偿。有观点认为，修正后的《刑事诉讼法》第74条已经摒弃了以往监视居住不属于完全限制人身自由进而不允许折抵刑期的观念，明确规定指定居所监视居住的期限应当折抵刑期。被判处管制的，监视居住1日折抵刑期1日；被判处拘役、有期徒刑的，监视居住2日折抵刑期1日。因此，建议将监视居住纳入精神损害赔偿的范围。重庆高院出台的指导性意见中已经先行一步。我们认为，随着刑事诉讼法的修改，对监视居住进行人身自由损害赔偿及精神损害赔偿已成必然趋势，应当通过司法解释等方式予以明确。

2. 违约精神损害赔偿问题

违约精神损害赔偿在国际上有立法例，如《德国民法典》将一揽子旅游合同中因假期泡汤的损失（第847条）、雇佣合同中雇主违反歧视性规定（第611a条第2款）等纳入精神损害赔偿的范围。我国民事立法不承认违约的精神损害赔偿问题。对该问题，民法学界进行过深入讨论，学者议论甚多，见解不一，如学者王利明认为，提供精神损害赔偿是违约责任和侵权责任的根本区别，精神损害不符合合同法上的等价交换原则，可以通过侵权寻求救济，而没有必要主张违约精神损害赔偿，明确否定违约精神损害赔偿①。学者崔建远对王利明的上述观点一一反驳，认为是否可以主张违约精神损害赔偿属立法政策问题，而非二者的根本区别；在违约和侵权竞合的场合，提起违约之诉主张精神损害赔偿有时比提起侵权之诉更具实益等，主张违约可予精神损害赔偿②。我国学者梁慧星在其主持起草的《中国民法典草案建议稿》中对违约精神损害赔偿也持肯定意见③。对于违约精神损害赔偿，《民法通则》和《合同法》中都没有明确作出规定。值得注意的是，2010年11月1日起生效的《最高人民法院关于审理旅游纠纷案件适用法律若干问题的规定》

---

① 参见王利明：《合同法研究》（第2卷），中国人民大学出版社2003年版，第670－673页。

② 参见崔建远："论违约的精神损害赔偿"，载《河南省政法干部管理学院学报》2008年第1期。

③ 该《建议稿》第916条规定："当事人违约给对方造成损失的，对方有权请求赔偿，但依当事人的特别约定或者依法律规定可获免责的除外。可获得赔偿的损失除现实的财产损失外，还可包括：（一）非财产损失；（二）合理地将要发生的未来损失。"参见梁慧星主编：《中国民法典草案建议稿》，法律出版社2003年版。

第21条提到："旅游者提起违约之诉，主张精神损害赔偿的，人民法院应告知其变更为侵权之诉；旅游者仍坚持提起违约之诉的，对于其精神损害赔偿的主张，人民法院不予支持。"这一解释说明最高院至少在旅游合同纠纷场合明显否定了违约精神损害赔偿的可能性。国家赔偿中涉及违约的国家赔偿问题主要集中在行政合同领域，两种观点虽各有拥簇，但就现阶段国家赔偿发展而言，"违约不赔"基本成为共识。

3. 财产侵权国家精神损害赔偿问题

对此问题亦有分歧。赞成者认为："造成精神损害的原因并不只是因为人格权以及人身权受到损害，财产权的损失以及其他合法权利的受损也会造成精神损害。"[①] 否定者认为，在相对人的财产权受到侵害时，其受损的主要是财产权，精神损害并不占据主导地位，而且也不是所有的相对人在财产权受到损害时都会造成精神损害。且对因财产权受到侵害时所造成的精神损害，可以在给予相对人物质损害赔偿的同时给予赔偿，而无必要单独请求精神损害赔偿。另外，我国尚属于发展中国家，对相对人因财产权受到侵害所造成的精神损害不应给予赔偿[②]。在调查问卷中，我们专门设置了财产损害可否考虑精神损害赔偿问题。在参与调研的河南、辽宁、浙江的法官中，70%左右认为对某些有纪念意义的财产，应当考虑精神损害赔偿，另有15%左右的法官认为只要有损害都要考虑精神损害赔偿。可见大部分

① 参见汪清斌、陶杨："论国家赔偿中的精神损害赔偿"，载《行政论坛》2003年第11期。

② 马怀德、张红："论国家侵权精神损害赔偿"，载《天津行政学院学报》2005年第7卷第1期。

法官认为财产损害造成精神损害的应当进行精神损害赔偿。

五、精神损害赔偿的当事人

（一）赔偿请求人

自然人作为精神损害赔偿请求人的问题，主要集中在受害人死亡情形下请求权的归属和是否可以继承等问题，前文已经详述。现着重关注法人的赔偿请求人地位问题。有观点认为，法人作为拟制的法律人格，不存在生理上或心理上的精神活动，但存在保持和维护其精神利益的精神活动。否认法人有精神损害，就等于否认法人的人格，其结果必然使法人本身失去存在的依据[①]。有观点认为，法人或者其他组织是隐性的，而其法定代表人或者主要负责人是显性的，法定代表人或负责人是法人或其他组织的对外载体，是权利义务的享受者和承担者。作为抽象的法人或者其他组织是没有人格的，不像公民一样能感受到侵权行为所带来的精神痛苦或是名誉权、荣誉权的受损所带来的利益的减少。而真正遭受伤害、承受精神压力的却是法人或者其他组织的法定代表人或者主要负责人。因此法人或者其他组织受公权力侵害时，赋予其法定代表人或负责人提起精神抚慰金的赔偿请求权是必需的，也是理所应当的[②]。有观点认为，法人不存在精神损害，因其是没有生命的社会组织，没有生理、心理上的精神活动，名誉权、名称权、荣誉权等受到侵

---

① 杨立新：《人身权法论》，中国检察出版社1996年版，第252页。

② 王宗忙："论国家赔偿中的精神损害赔偿问题"，载《国家赔偿办案指南》2011年第1辑。

害时，不会发生精神上、心理上的痛苦，不可能造成人格利益和身份利益的损害。最高人民法院在民事司法解释中采纳了这一立场，如《最高人民法院关于审理名誉权案件若干问题的解答》。修订后的国家赔偿法同样不承认法人和其他组织的精神损害，将精神损害赔偿限于国家侵犯公民人身权造成严重精神损害后果的情形。

我们认为：其一，第一种观点将拟制的法律人格维护其精神利益的活动与人的生理或精神活动等同，将精神损害得以存在的物质基础扩大到人脑之外的活动，正如自然人与法人同为民事主体一样，不可否认其前瞻性及合理性，但当前国内外司法保护需求及现状尚不足以将法人的精神利益保护与人的精神损害赔偿并驾齐驱。故与其说肯定说是对精神损害赔偿物质基础的一种漠视①，不如说否定说系更加切合当前实际的一种妥协或平衡。其二，我们认为法人之所以不应成为精神损害赔偿的主体，并非因其不能像自然人一样有心理或生理活动，无法感知精神痛苦，相反，正如法人有像自然人一样的拟制人格一样，法人亦有类似维持其精神利益要求，但该观点应属于未来高度发达的经济社会，不应一蹴而就地在精神损害赔偿刚刚起步阶段进行无物质基础的跨越。我们不赞成在民法尚未对法人精神损害进行保护情形下，赋予法人请求精神损害赔偿的权利。其三，不支持法人的精神损害赔偿请求权，并不意味着不重视法人人格的保护，只是不以精神损害赔偿的方式进行保护。在法人人格权

① 姜冰：“国家赔偿中的精神损害赔偿问题研究”，载《国家赔偿办案指南》2013 年第 1 辑。

受到侵害时，除赔偿经济损失外，还可以责令侵权人承担消除影响、赔礼道歉、恢复名誉等其他形式的责任。当前对精神损害赔偿的一般理解是："在国家赔偿法的意义上，精神损害是指对自然人精神活动的损害"①，对此，我们表示赞成。精神损害不宜作扩大解释，可将其定位为自然人的肉体疼痛或精神痛苦。

（二）赔偿义务机关

赔偿义务机关的立法模式主要有两种：一是集中模式，即设置专门且独立的机构办理国家赔偿的具体事务，赔偿义务主体与侵权主体相分离。如《德国刑事赔偿法》第 9 条规定："检察官终止刑事追诉过程后，由检察官所在地的初级法院对赔偿义务作出裁决。"第 15 条规定："刑事审判一审法院所在州有赔偿义务。"再如法国最高法院内设立"补偿委员会"来统一处理司法赔偿请求②。二是分散模式，即直接由侵权主体作为国家精神损害赔偿义务机关。如《日本刑事诉讼法》第 447 条规定："对调查预审、检察机关和法院的公职人员由于不正当公务行为所造成的损害，相应的国家机关在法律特别规定的情况下和范围内承担财产责任。"我国《国家赔偿法》在立法模式上采取的是分散模式，且分散的程度较高。在这样的立法背景下，如果受害人的精神损害是由不同的具体原因（如公安机关对犯罪嫌疑人的身体虐待，法院枉法裁判剥夺被告人长期的人身自由）所致，且各个原因均对精神损害具有作用力，应如何承担

---

① 江必新主编：《〈中华人民共和国国家赔偿法〉条文理解与适用》，人民法院出版社 2010 年版，第 326 页。

② 高家伟：《国家赔偿法》，商务印书馆 2004 年版，第 184－185 页。

责任？

在行政赔偿领域，《国家赔偿法》第7条第2款规定："两个以上行政机关共同行使行政职权时侵犯公民、法人和其他组织的合法权益造成损害的，共同行使职权的行政机关为共同赔偿义务机关。"第10条规定："赔偿请求人可以向共同赔偿义务机关中的任何一个赔偿义务机关要求赔偿，该赔偿义务机关应当先予赔偿。"共同侵权的赔偿义务机关承担连带赔偿责任，赔偿后可要求其他有责任的行政机关负担相应的部分。第8条规定："经复议机关复议的，最初造成侵权行为的行政机关为赔偿义务机关，但复议机关的复议决定加重损害的，复议机关对加重部分履行赔偿义务。"对该条的理解，有观点认为，最初作出的侵权行为和复议机关的复议行为并非共同行使职权，因而对于最后的损害后果，复议机关和复议被申请人应该分清责任、各自承担。基于"谁侵害，谁负责"的原则，只有在被复议的行政行为侵害了公民、法人和其他组织的合法权益造成损害，并由复议机关的复议决定加重了损害的情况下，复议机关才能成为行政赔偿义务机关，且仅对复议决定加重的损害部分承担赔偿责任①。对于该情形下，赔偿请求人如何选择赔偿义务机关问题，《最高人民法院关于审理行政赔偿案件若干问题的规定》第18条规定："复议机关的复议决定加重损害的，赔偿请求人只对作出原决定的行政机关提起行政赔偿诉讼的，作出原决定的行政机关为被告；赔偿请求人只对复议机关提起行政赔偿诉

---

① 江必新主编：《〈中华人民共和国国家赔偿法〉条文理解与适用》，人民法院出版社2010年版，第117页。

讼的，复议机关为被告。”除上述规定外，无刑事赔偿及非刑事司法赔偿共同赔偿义务机关的明确规定。

理论上，有学者将共同赔偿义务机关划分为三种类型：其一，混合型共同赔偿义务机关。如《国家赔偿法》第 7 条第 2 款规定，或依据《国家赔偿法》第 17 条第（4）、（5）项的规定，两个以上的行使侦查、检察、审判、监狱管理的机关因殴打、虐待、刑讯逼供等事实行为共同侵犯他人人身权的，为混合型共同赔偿义务机关。其二，加重型共同赔偿义务机关。如上述《国家赔偿法》第 8 条规定。其三，连锁型共同赔偿义务机关。该类共同赔偿义务机关只在刑事诉讼引起的刑事赔偿中表现出来。如无罪的人被错误拘留、错误逮捕、错误起诉、错误判刑（不包括殴打、刑讯逼供等事实行为），作出这些错误决定的国家机关则为连锁型共同赔偿义务机关[①]。

对上述共同赔偿义务机关类型，由混合型共同赔偿义务机关承担连带赔偿责任及由加重型共同赔偿义务机关分别承担相应的法定责任并无异议，但对连锁型赔偿义务机关的责任如何划分存有争议，有观点认为不承认错误拘留、错误逮捕、错误起诉构成共同侵权在理论上讲不通，在实践上有害。且两个以上的机关均违法且均造成损害后果，却由相对靠后程序上的机关作为赔偿义务机关，一方面在各机关隶属不同财政的情况下，容易产生承担经济责任的地域间或上下级间的矛盾，另一方面

---

① 参见袁文进、吴海龙：“略论共同赔偿义务机关的确认及赔偿责任的分担”，载《法学评论》1996 年第 4 期。

导致错案责任追究困难[①]。对此，有观点认为，《国家赔偿法》第21条第2、3、4款之间为递进吸收关系，违法逮捕赔偿吸收违法拘留赔偿，法院错判吸收违法拘留、逮捕等。经法院再审改判无罪的，通常受害人经过刑事拘留、逮捕、有罪判决、刑罚的执行等过程。尽管所有参与刑事诉讼程序中的机关与被告人的权益损害都有关系，但如果将其均列为赔偿义务机关，则不仅程序复杂、难以操作，且可能因这些机关的相互推诿致使受害人的合法权益无法得到及时救济。故国家赔偿将作出生效判决的人民法院作为赔偿义务机关，即法院不仅要对生效判决后执行所造成的损害予以赔偿，而且要根据受害人的请求，对其在侦查、起诉阶段因拘留和逮捕所造成的损害一并予以赔偿[②]。我们认为，该规定在错案责任追究方面确有责任区分不明的缺陷，但从当事人合法权益保护角度看，具有明显的合理性。回归上述疑问，公安机关在拘留或逮捕过程中虐待、殴打犯罪嫌疑人，法院错判剥夺被告人长期的人身自由，这是否构成共同侵权？主流观点认为，法院错判不能吸收侦查机关的殴打等事实行为，不能构成共同侵权。也就是说作出生效判决的法院赔偿的范围不包括事实行为引起的国家赔偿，如在拘留阶段，公安机关工作人员刑讯逼供造成的损害由公安机关作为刑事赔

---

① 参见罗明举："贯彻实施国家赔偿法几个问题的探讨"，载《法学评论》1996年第1期；袁文进、吴海龙："略论共同赔偿义务机关的确认及赔偿责任的分担"，载《法学评论》1996年第4期。

② 江必新主编：《〈中华人民共和国国家赔偿法〉条文理解与适用》，人民法院出版社2010年版，第217页。

偿义务机关[①]。在涉及精神损害赔偿案件中，赔偿义务机关的确定及相互责任划分均应如上操作。

六、精神损害赔偿方式的适用

关于赔偿方式，美国、英国及法国行政赔偿中的精神损害赔偿均只有金钱赔偿一种形式。法国关于司法赔偿中的精神损害赔偿，除明确金钱赔偿外，还规定应将冤假错案的判决书通过张贴、公告方式消除影响[②]。而在德国法上，《德国民法典》确立了非财产损害以恢复原状的费用为基础的恢复原状原则，辅以公平的金钱赔偿[③]。我国台湾地区采用去除侵害、防止侵害、恢复名誉等非财产责任方式与财产责任方式并存的“双轨制”，这种精神损害赔偿责任方式，与我国现行民法、国家赔偿法的规定相似，不同之处在于台湾民法上规定的这两种责任方式是不分主次的。我国《国家赔偿法》第35条规定了“消除影响、恢复名誉、赔礼道歉”及支付精神损害抚慰金两种责任方式，并为消除影响、恢复名誉、赔礼道歉设置了“致人精神损害”的条件，为支付相应的精神损害抚慰金设置了“造成严

---

① 江必新主编：《〈中华人民共和国国家赔偿法〉条文理解与适用》，人民法院出版社2010年版，第219页。

② 法国《刑事诉讼法典》第626条第1款规定：“依据本编之规定经认定无罪的被判刑人，有权按照判刑对其造成的物质与精神损失得到全额赔偿金。”同条第6款规定：“认定被判刑人无罪的再审判决应在原来宣告判刑的城市，重罪或轻罪实施地的市镇行区，再审之诉的申请人住所地的市镇行区，以及司法错误的受害人，如其已死亡，其出生地以及最后住所地所在的市镇行区内张贴；在同样条件下，得命令将此判决登载于《官方公报》以及由宣告决定的法院所选定的5家报纸。”

③ 《德国民法典》第249条关于“损害赔偿的方式和范围”规定：“（1）损害赔偿义务人必须恢复假如没有发生引起赔偿义务的情事所会存在的状态。（2）因伤害人或损坏物而须赔偿损害的，债权人可以不请求恢复原状而请求对于恢复原状为必要的金额……”

重后果的”条件。精神损害赔偿方式特别是精神损害抚慰金的评定，是研究精神损害赔偿制度的最核心问题，也是前述各种理论争议的落脚点。

（一）造成严重后果的认定

一般认为，精神损害按照严重程度，可分为轻微精神损害、一般精神损害和严重精神损害。一些学者试图从理论上将其作明确区分，虽有精彩论述，但最终都难逃通过精神损害后果或精神损害的外化表现的列举方式，明确不同程度精神损害的大致范围。司法实践中，为将“造成严重后果”具体化，一些省份出台了指导意见①。梳理分析这些指导意见，关于“造成严重后果”的规定，有共同点也有不同意见。重庆、河南、浙江、湖南、广东等均将受害人死亡、伤残、严重精神疾病认定为造成严重后果情形，对此理论上也无异议。争论主要体现在：

第一，关于无罪羁押、错误判刑。一是羁押时间的限定问题。重庆将其设定为 1 年以上，并将精神损害抚慰金的最低数额设定为 5000 元。据了解，之所以作这样规定，是为了确立非财产精神损害赔偿与支付精神损害抚慰金的两个幅度，让二者有明确的界限，且已经考虑到 1 年以上羁押精神损害的严重性，提高了最低标准。这种区分有一定意义，但过于僵硬，只能作

① 参见重庆市《实施〈中华人民共和国国家赔偿法〉办法》第 47 条，河南省高级人民法院《关于刑事赔偿中适用精神损害抚慰金若干问题的指导意见》第 4 条，湖南省高级人民法院、湖南省公安厅、湖南省司法厅《关于适用〈中华人民共和国国家赔偿法〉第三十五条若干问题的座谈会纪要》第 2 条，广东省高级人民法院、广东省人民检察院、广东省公安厅《关于在国家赔偿工作中适用精神损害抚慰金若干问题的座谈会纪要》第 2 条，浙江省高级人民法院《关于在国家赔偿审判中确定精神损害抚慰金问题的会议纪要》第 3 条等相关规定。

为一般原则掌握，遇到虽被羁押 1 年以下但家破人亡、妻离子散等情形，很难不予认定造成严重后果。其他省份未见明确羁押时间的规定，只规定无罪被羁押可认定为造成严重后果情形，只是视羁押长短而在支付抚慰金数额上有所不同。二是被判缓刑及合法拘留问题。重庆明确将被判处缓刑情形，湖南将“依照刑事诉讼法规定的条件和程序对公民采取拘留措施，拘留时间未超过刑事诉讼法规定的时限的情形”作为错误判刑或无罪羁押造成严重后果的除外情形。特别是后者，突破国家赔偿关于羁押的结果归责原则规定，具有前瞻性。

第二，关于未达到伤残或精神疾病程度的情形。指导意见的基本态度是，附条件承认。有的限制为严重影响受害人工作、生活，有的附致受害人特殊能力丧失或受损而不能继续从事相关特殊职业条件。综合而言，在判断未至伤残或精神疾病情形下是否构成严重精神损害时，并未一致否定，而是交由法官根据其他情形综合裁量。

第三，关于家庭变故、丧失重大机会、造成重大经济损失。在造成严重后果的认定上，广东、浙江的规定最为广泛。如广东将婚姻家庭关系破裂或者引起家庭成员严重伤害，因丧失人身自由而失去重要的（就业等）机会，以及对其生产经营造成严重影响或重大亏损等，作为认定造成严重后果的情形。而浙江则将特殊能力丧失或受损而不能从事特殊职业囊括其中。上述规定更加注重从精神损害严重程度本身探讨，从应然意义上确立造成严重后果的边界，无疑更加符合大众理性和情感期待。当然，各地指导意见均毫无例外地设置了“其他造成严重后果的情形”的兜底条款，可见在造成严重后果的判断上，允许法官的自由裁量，是为共识。

本次调研，我们对造成严重后果情形专门进行了问卷调查，所列选项囊括上述所有情形，结果显示：死亡、残疾、精神疾病、致家庭成员重大变故、特殊能力丧失或受损而不能继续从事相关特殊职业选择人数最多，均在50%以上，而导致受害人丧失重大机会、离婚或其他家庭关系破裂、遭受巨大经济损失等选择人数相对较低，但基本仍在30%至60%之间。可见参与问卷调查的法官和上述各省的指导意见观点基本一致，为在法律层面进行造成严重后果的认定提供了非常有价值的参考。

（二）精神损害赔偿金额的评算方法

两大法系关于精神损害赔偿金额的评算方法主要有酌定赔偿法、分类计算法、限幅数额法、最高限额法、日标准赔偿法、医疗费比例赔偿法等[①]。当然，各国并非仅适用上述某一做法，较为通行的是在以法官综合考虑各种因素酌定数额为基础，通过限额幅度、最高额限制等进行适当限制。国内理论界对此亦有研究，比较有代表性的观点有参照法、比例法、限额法、酌定法、分类计算法等，实践中，一些省份出台了精神损害抚慰金的计算方法。综合而言，主要有两种方法：其一，参照侵犯

---

① 参见重庆市《实施〈中华人民共和国国家赔偿法〉办法》第47条，河南省高级人民法院《关于刑事赔偿中适用精神损害抚慰金若干问题的指导意见》第4条，湖南省高级人民法院、湖南省公安厅、湖南省司法厅《关于适用〈中华人民共和国国家赔偿法〉第三十五条若干问题的座谈会纪要》第2条，广东省高级人民法院、广东省人民检察院、广东省公安厅《关于在国家赔偿工作中适用精神损害抚慰金若干问题的座谈会纪要》第2条，浙江省高级人民法院《关于在国家赔偿审判中确定精神损害抚慰金问题的会议纪要》第3条等相关规定。

人身自由、生命健康权国家赔偿金的参照法。如浙江高院在《关于在国家赔偿审判中确定精神损害抚慰金问题的会议纪要》第6、7条规定，确定精神损害抚慰金一般以受害人人身自由权、生命健康权受损害等国家赔偿金总额的50%为基准，最高不得超过受害人人身自由权、生命健康权受损害等国家赔偿金总额。该参照法被《最高人民法院关于审理刑事赔偿案件适用精神损害赔偿若干问题的意见（送审稿）》采纳，规定精神损害抚慰金的支付，以侵犯人身自由、生命健康权的赔偿金的一定比例为参考标准。其二，根据被限制人身自由的长短、侵犯人身权造成的伤残等级确定抚慰金数额等级。如河南省高级人民法院《关于刑事赔偿中适用精神损害抚慰金若干问题的指导意见》第6条规定，侵犯人身自由精神损害赔偿的基本标准为，每年3000元，并在此基础上根据具体情形增加或减少，实践中，基本标准为掌握在每年10000元。侵犯人身权造成伤残的，按每级伤残支付5000元至10000元标准逐级递增；造成死亡的，一般为100000元，并可酌情增加。采用类似计算方法的还有广东、辽宁，只是在金额标准上有所出入①。湖南在侵犯人身自由精神损害赔偿上采用与河南基本相同的方法，在死亡或伤残等情况下，则用与浙江类似的参照法计算②。这两种方法较学术界倡导的其他方法简单易行，被广泛应用于实践中。

---

① 参见广东省高级人民法院、广东省人民检察院、广东省公安厅《关于在国家赔偿工作中适用精神损害抚慰金若干问题的座谈会纪要》第5条；《辽宁省法院国家赔偿精神抚慰金的裁判标准》第5、6、7条。

② 参见湖南省高级人民法院《关于适用〈中华人民共和国国家赔偿法〉第三十五条若干问题的座谈会纪要》第3条。

调研中，我们还发现了不同观点。如为协调地区间、个案的差异，有观点主张将精神损害抚慰金与各省人均年收入挂钩，通过设定精神损害抚慰金的最低、最高限额和具体档次等确定精神损害抚慰金的具体数额。也有观点对此提出不同意见，认为人身损害赔偿金或侵犯人身自由赔偿金的数额因各地物价、医疗水平等不同，可以存有差异。但精神损害作为人的主观感受具有同质性，精神损害抚慰金作为填补精神损害的一种工具，其数额确定在同等情况下应当是统一的。综合而言，对精神损害抚慰金评算方法的争议集中在精神损害抚慰金是否应在全国范围内统一，有无必要进行最高额和最低额的限制及如何确定精神损害抚慰金的基准比例及限额等问题。

1. 精神损害抚慰金数额统一与否之争

该争论主要源自我国经济发展不均衡的现状。调研中我们发现，经济发展水平较高的地区希望标准不要太低，否则不利于安抚受害人的精神损害，难以化解矛盾；经济发展相对落后的地区则希望标准不要过高，否则财政难以负担，容易将赔偿责任转嫁到赔偿义务机关甚至司法工作人员，还容易造成当事人相互攀比，激化矛盾。当然也有观点从解决个案之间、不同地区之间精神损害抚慰金差异过大这一突出问题出发，主张应当在全国范围内设定统一标准。也有观点认为，人的价值是统一的，但精神损害抚慰金的使用价值是不同的，相同的金钱的购买力在不同地区可能千差万别，所以主张精神损害抚慰金的统一，非但不能实现平等，反而可能造就更大的不平等。我们认为，在一些基本问题上，如精神损害赔偿的功能定位、精神损害程度的认定、不同赔偿方式的适用、抚慰金的算定方法等问题上，经过民事及国家赔偿实践的探索，已然具备统一的条件，应在全国法院范围内通过规范性文件方式确定。对精神损害抚慰金的数额问题，首先我们承认精神损害抚慰金的统一是精神损害赔偿制度发展的必然方向，但基于当前及今后一段时间的国情考虑，特别是侵犯人身权、自由权赔偿金目前在全国范围内低位统一，精神损害抚慰金一定程度上承担着调整功能，如果无视现阶段各省发展不均衡状态，折中选择统一标准，则可能对于沿海经济发达地区而言相对较低，而对西部省份而言则难堪重负。所以要解决精神损害抚慰金地区间、个案间差异过大这一突出问题，要考虑大多数地区的实际情况，循序渐进进行。如各省可根据自身经济发展状况，确定精神损害抚慰金与人身自由赔偿金等的基准比例。即在省级层面先取得统一，条件具备时实现在全国范围内的统一。

2. 最低额、最高额限制之争

关于是否要限定最低限额。在民事领域，一般认为，精神损害赔偿的数额应当与赔偿目的相一致，过低的赔偿数额无法补偿受害人所受损害，故赞成对最低赔偿数额进行限制，至于最低限额应当是多少则存在争议。国家赔偿领域同样存在类似问题。一般认为，国家赔偿是公权力侵权的结果，较之民事侵权影响更大，且国家精神损害赔偿以造成严重精神损害为支付精神损害抚慰金的条件，如果数额过低则体现不出国家对人权的最起码尊重。司法实践中，大部分法院认识到设定最低限额的宣示意义。至于最低标准应定为多少，则有不同意见。有主张设为国家上年度职工日平均工资的1倍，有主张5000元，多数意见集中在1000至2000元。我们倾向于确定2000元的最低标准，虽然该标准较为主观，但基本可以满足当前及未来一段时间的实践需求，且有利于在全国范围内的推广统一。关于最高限额，国家赔偿审判实践中，主流意见是设定最高额限制。就具体数额而言，因地方经济发展水平不同，目前各省高院出台的内部操作规范中有10万、20万、30万、人身损害国家赔偿金的一倍等标准，差距较大。我们认为，设定最高额有利于平衡保障赔偿侵权人合法权益和纳税人利益，使其符合国家财政负担能力和当前经济社会发展水平，体现精神损害抚慰金的补偿性。但不宜如同最低标准那样，采用固定金额，而是采用浮动标准，如有观点认为与人身损害赔偿金挂钩，最高不超过人身损害国家赔偿金总额；有观点主张在国家上年度平均工资的7至10倍以内确定等。此外，应当允许特殊情形下适度突破，以便于根据个案具体情况确定精神损害抚慰金，实现矫正正义。

3. 比例法之争

比例法初见于浙江高院《关于在国家赔偿审判中确定精神损害抚慰金问题的会议纪要》，该纪要确定精神损害抚慰金一般以受害人人身自由权、生命健康权受损害等国家赔偿金总额的50%为基准，但最低不得少于2000元，最高不得超过受害人人身自由权、生命健康权受损害等国家赔偿金总额。由此确立了最低、最高额限制法和比例法，明确精神损害抚慰金的数额通过与国家赔偿金总额挂钩确定。在最高院举办的几次调研座谈会上，部分高院赞成该意见精神，但认为标准过高，若形成全国统一的规范，应统筹考虑各地区经济发展差异确定合适的基准比例，建议控制在30%左右或者设定一个浮动区间，同时总额也应当控制在合适的范围内，例如国家上一年度职工年平均工资的若干倍以内。也有观点否定该意见，认为基准比例一刀切不符合现有国情，如果在全国范围内设定统一基准，各地参照其他相关因素调整后可能仍然会出现自由裁量权过大的担忧。我们认为，比例法一方面固定上下限额，有利于赔偿标准的统一，且受害人预期受到明确限制，避免“漫天要价”；基准比例本身已经考虑了限制、剥夺人身自由的时间长短和侵犯生命健康权的严重程度，只需要再行考虑其他因素调整具体金额即可，简单易懂，操作便利。虽然可能出现各地调整后金额存有差距的问题，但该差距是可控制、可预期的，如全国设定的基准比例是人身损害赔偿金的50%，全国的上一年度日平均工资为A，B省的上一年度日平均工资为B，可通过B/A×50%的方式确定B省的基准比例。

（三）精神损害赔偿数额的高低比较

国外关于精神损害赔偿数额的高低比较问题，有过精彩论述，如在论及不同人身伤残案件的可比性问题时，有学者认为：“如果我们无法说出一条腿或者一只胳膊值多少钱，我们至少可以说一条腿在今天的价值与在明天的价值是一样的，我们同样可以说，一只胳膊肯定比一只手值钱。”① 基于这种判断，一些国家如英国强调在确定精神损害赔偿的数额时遵循先例，由此

① 刘春梅：《人身伤害中的非财产损害赔偿研究》，法律出版社2011年版，第179页。

倒推，即通过以往客观存在的有具体赔偿数额的判例，比较、判断精神损害的严重程度，进而确定精神损害赔偿的具体数额。在有些国家如德国、美国的司法实践中，对因痛苦和遭遇所产生的精神损害的赔偿数额一般通过医疗费用的价值数额来加以估计，认为精神痛苦的严重程度一般与医疗费用的数额成正比例，通过医疗费用的高低评价精神损害的严重程度。这给我们精神损害赔偿数额的高低评判带来了启示，正如比例法所确定的以人身损害赔偿金的一定比例为基准确定精神损害抚慰金的数额，二者成正比例关系，一般而言，人身损害赔偿金高则精神损害抚慰金高，相应的精神损害被认为更加严重。那么浙江省确定的50%的基准是否适当呢？本次调研，我们以“张氏叔侄案”中的精神损害赔偿数额为蓝本，通过调查问卷和网络阅评两种方式进行了调研。调查问卷的结果显示，河南、辽宁、浙江三地参与调查的大多数法官普遍认同浙江省高院对“叔侄案”赔偿请求人的精神损害抚慰金赔偿数额。与河南省和辽宁省的实践相反，尽管两省对于精神损害抚慰金的裁判标准将精神损害抚慰金的数额分别控制在20万元和10万元的最高额之内，但对于浙江高院在“叔侄案”中决定的45万元精神损害抚慰金，普遍的看法却是数额比较恰当，符合案情，甚至认为金额偏低的比例都超过了认为金额偏高的人数。这在一定程度上反映出作为司法审判的实务人员，法官们对于刑事赔偿精神损害抚慰金数额的预期并没有预料中的那么低。网络阅评的结果显示，我们所选取的新浪、网易的两篇报道及跟帖中，直接关于国家精神损害抚慰金的评价内容并不多，总共只有6条，在

2000 条评论（跟帖）中所在比例为 0.3%；而对国家赔偿金的评价内容相较于精神损害抚慰金较多，总共有 141 条，在 2000 条评论（跟帖）中所占比例为 7.05%。关涉国家赔偿的内容还有“反对国赔，责任自负”和向相关责任人追偿两项内容，前者为 51 条，后者为 38 条，两项在 2000 条评论（跟帖）总数中分别所占的比例为 2.55% 和 1.9%。从上亦可知，双网中关涉国家赔偿金的多数网民对于国家赔偿金数额认为过低，对于国家精神损害抚慰金数额亦认为过低。综合上述两种调研，剔除一些非理性评论，基本结论是两张精神损害赔偿数额在大多数法官及网民心中并不高，至少处在一个相对合理的范围内。

七、国家赔偿、补偿与救助

在学理上，一个完整的国家行为救济范围应该包括国家赔偿和国家补偿。公法意义上的国家责任，主要可以分为国家赔偿责任和国家补偿责任两类[①]。对二者关系，有学者认为，社会主义国家对公民承担责任应当是全面的，即国家赔偿立法应当有一个总体考虑，不论是国家机关违法行为还是国家机关合法行为造成的损失，国家都应负责填补[②]。有学者认为，国家补偿与国家赔偿是两种根本不同的制度，国家补偿是合法行使职权造成的，而国家赔偿是违法行使职权造成的，二者在对象、范围、标准、程序等方面都不同[③]。从国际或区域立法看，区分或

① 江必新、梁凤云、梁清：《国家赔偿法理论与实务》（上卷），中国社会科学出版社 2010 年版，第 147 页。

② 应松年等：“国家赔偿立法探索”，载《中国法学》1991 年第 5 期。

③ 参见房绍坤、毕可志：《国家赔偿法学》，北京大学出版社 2004 年版，第 23 页。

不区分国家赔偿与国家补偿均有立法例。如日本宪法中同时出现“赔偿”与“补偿”概念，但其国家赔偿法并不包含国家补偿，国家赔偿问题由国家赔偿法来调整，国家补偿问题由宪法或其他个别法调整。德国法亦对此作明确区分，如德国司法赔偿包括刑事赔偿和刑事补偿。刑事赔偿的前提是违法司法行为，而刑事补偿则针对形式合法但造成损害的刑事追诉措施。也有国家对二者不予区分，如法国法上不区分国家赔偿与国家补偿，其国家赔偿范围极为广泛，除对范围有限的政府行为不负赔偿责任外，在其他行政活动中，没有不负赔偿责任的领域[①]。我国台湾地区亦不区分国家赔偿与补偿，如 2011 年 8 月 1 日起，“刑事补偿法”代替自 1959 年起实行的“冤狱赔偿法”。

我国学界的通说将侵害行为是否合法作为二者区分的标志。立法中，国家赔偿责任也以国家违法或过错的职务行为为前提，但无国家补偿责任的专门立法。一般认为，国家补偿责任是指因国家机关及其工作人员合法行使职权行为或因其他法定的特别事由，致使公民、法人或者其他组织的合法权益遭受特别损失的，应由国家承担适当补偿的义务[②]。我国国家补偿规定，散见于《物权法》、《土地管理法》、《公路法》、《人民警察使用警械和武器条例》等单行法律规范中，其责任类型主要可以分为征收补偿责任、权利限制补偿责任、信赖保护补偿责任、衡平

---

① 参见王名扬：《法国行政法》，北京大学出版社 2007 年版，第 574－577 页。

② 参见江必新、梁凤云、梁清：《国家赔偿法理论与实务》（上卷），中国社会科学出版社 2010 年版，第 149 页。

补偿责任、刑事补偿责任等[1]。新修订的国家赔偿法未对国家补偿责任予以明确规定，而是通过采纳多元化的归责原则方式，将国外一些属于国家补偿责任的内容规定在国家赔偿法中。

除国家赔偿、国家补偿制度外，在权利救济方面，我国还设立了司法救助制度。《最高人民法院关于对经济确有困难的当事人提供司法救助的规定》第二条将司法救助界定为："人民法院对于当事人为维护自己的合法权益，向人民法院提起民事、行政诉讼，但经济确有困难的，实行诉讼费用的缓交、减交、免交。"现行司法救助范围已被拓宽，如《云南省涉诉特困人员救助条例》将公安、检察、法院管辖案件中，生活特别困难的刑事被害人或其近亲属、申请执行人等纳入涉诉特困人员范围并予以救助。广东省高级人民法院《关于执行案件特困群体司法救助的规定（试行）》规定，法院在办理各类执行案件中，对生活特别困难、确有需要的案件当事人给予一定数额的救助金。江苏亦设立执行救助专项资金，解决交通事故、抚养费征收及其他人身损害赔偿等案件中的执行难问题。一些地市设立了信访救助基金，对"于法无据、于情有理"的生活困难群众进行救助，促其息诉罢访[2]。可见，尽管司法救助的范围随实践发展已被广泛拓展，但其基于生活困难而予以救助的基本理念仍未变化，即司法救助是国家对弱势群体的一种特殊福利，而

---

① 参见江必新、梁凤云、梁清：《国家赔偿法理论与实务》（上卷），中国社会科学出版社 2010 年版，第 156－158 页。

② 参见《云南省涉诉特困人员救助条例》第 2 条规定；广东省高级人民法院《关于执行案件特困群体司法救助的规定（试行）》第 2 条；江苏省财政厅、江苏省高级人民法院《关于设立执行救助专项资金的通知》；《金昌市信访救助基金管理办法》。

非国家承担的侵权责任，此与国家赔偿、国家补偿明显不同。但实践中，司法救助有被异化的趋势。以浙江为例，2006 年，浙江省政法委、财政厅联合下发了《浙江省司法救助专项资金使用管理办法（试行）》，在各级政法委设立司法救助资金，公、检、法各个部门利用司法救助金，化解涉法信访矛盾。2010 年全省政法委给 2674 个案件当事人发放救助金 4648 万元，2011 年全省政法委给 2840 个案件当事人发放救助金 6157 万元，2012 年全省政法委给 2944 个案件当事人发放救助金 6381 万元，目前浙江省司法救助资金规模已近 1 亿元。司法救助范围包括有一定瑕疵，依照《国家赔偿法》无法给予国家赔偿的案件。且调研表明司法救助存在“被动救助多，主动救助少；对上访救助多，对不上访救助少；案后救助多，案中救助少”等一系列弊端，陷入救助越多信访越多的怪圈，与法治思维与法治导向不符。对此有观点认为，补偿是根据侵权和损害事实确定的，而司法救助是根据当事人的经济困难现状决定的，二者在性质、目的、范围、对象和程序以及标准方面有诸多不同，亟须统一和规范，以引导涉法上访当事人走规范化、法治化的解决途径。

第八章 完善精神损害赔偿制度的建议

冤假错案造成损害要赔偿，是司法工作的底线，否则司法公信力将荡然无存。国家赔偿工作事关落实宪法尊重和保障人权的基本原则，事关督促国家机关依法行使职权和维护当事人合法权益的根本宗旨，事关坚守公平正义的司法底线，事关维护人民法院的司法公信力。精神损害赔偿作为国家赔偿中重要而又敏感的内容，应当充分重视。课题组就进一步完善国家赔偿精神损害赔偿制度，充分发挥其职能作用提出以下建议：

（一）准确定位国家赔偿精神损害抚慰金制度的功能

精神损害抚慰金是通过支付一定数额的金钱，以财产赔偿的方式抚慰受害人精神损害的一种赔偿方式。我们赞成抚慰功能说：其一，精神损害的主观性，决定精神损害抚慰金无法完全补偿损害。补偿功能说不区分精神损害与财产损害而适用统一的补偿标准，即全额补偿，但二者存在明显差异。因为人身自由权、生命健康权都是无价的，一旦受到损害，其损失难以用金钱准确衡量，金钱与损害无法“等量齐观”，只能通过金钱购买它样的舒适以抚慰受害人所遭受的精神损害，故称之为抚慰功能更为确切，更符合立法初衷；其二，不宜通过精神损害抚慰金调整国家赔偿标准过低的问题。将此重任赋予精神损害抚慰金，使其承担调整功能，一方面实属无法承受之重，另一方面也偏离了设立精神损害抚慰金制度重在抚慰受害人精神创伤的初衷。且即便如此，精神损害抚慰金的调整功能发挥也是极为有限的，实践中动辄上百万的精神损害抚慰金请求与实际赔偿数额之间存在巨大差距，而这一鸿沟难以通过提高精神损害抚慰金标准弥合；其三，主张精神损害的抚慰功能，并非意味着在抚慰金数额上仅仅是象征性的，不能因为其被叫作“抚慰金”而认为其数额当然就很小。相反抚慰金的数额应当达到足以填补受害人精神损害的程度，使受害人产生满足感，从而从痛苦中解脱出来。评判精神损害抚慰金是否足额，可以社会理性人的思维逻辑作为判断标准，达到足以弥补受害人精神权益的损害，促使当事人服判息诉的程度。问卷调查表明，浙江省“张氏叔侄案”确定45万元的精神损害抚慰金并不高，当前精神损害抚慰金标准偏低的现象应当改变。

（二）进一步明确国家赔偿精神损害抚慰金适用的原则

我们主张精神损害抚慰金应适用下列原则：

1. 范围法定原则

这一原则在采用列举主义立法模式的大陆法系国家被普遍遵循，如德国、日本等国，通过立法明确限定精神损害赔偿的范围，即是否给予精神损害赔偿严格依据法律规定的条件和情形。尽管司法实践中，这一原则随精神损害赔偿范围的扩张逐渐通过判例等形式突破，但其基本原则地位依然稳固。我国是大陆法系国家，以成文法为司法运行标准，在法律规定明确的情形下，国家赔偿精神损害赔偿范围就需要严格按照法定条件进行判断。另外，依据《国家赔偿法》第35条规定，只有受害人具有《国家赔偿法》第3条或者第17条规定情形之一，依法向人民法院申请精神损害抚慰金的，人民法院才应当受理。而且并非所有精神损害都给予精神损害抚慰金，只有“造成严重后果的”才可获赔。范围法定原则意味着，人民法院在审理国家赔偿案件适用精神损害赔偿时，必须严格依照《国家赔偿法》的规定，不随意扩大或者缩小精神损害赔偿的适用范围，增加或者减少其适用条件。

2. 适当限制原则

考察两大法系关于精神损害抚慰金确定的历史，基本都经历了“交由法官智慧”进行自由裁量到通过多种方式进行适当限制的发展轨迹。近年来，几乎所有国家在确定精神损害赔偿数额时都有法官自由裁量的因素，即便在适用固定赔偿法的日本①，最终仍要由法官在固定幅度内裁量出最终数额。而为了规制法官的自由裁量，几乎所有国家都对精神损害赔偿数额的算定进行合理限制。严格地讲，精神损害赔偿并非真正的损害赔偿，因为抚慰金与精神损害之间欠缺一个金钱换算的准确标准，唯受害人可以借助获得金钱创造它样舒适条件，其实质应属一种特殊的补偿。另因精神损害的无形性、难以计量性等特点，如果不对精神损害赔偿数额进行适当的限制，可能会造成受害

① 固定赔偿法又称表格法，日本制定有精神损害赔偿数额的表格，法官只要根据案件性质定性，对照固定的赔偿表格，即可确定精神损害赔偿的数额。

人漫天要价及滥诉情形。此外，我国精神损害抚慰金首先定位于抚慰功能，区别于补偿性、惩罚性、调整性功能，也决定了其赔偿数额的有限性。再加上我国国家赔偿制度建立时间不长，精神损害抚慰金更是首次写入《国家赔偿法》，标准定得太高与我国经济发展水平不一致，也不利于对当事人进行合理引导。课题组认为应当对精神损害赔偿数额适当限制。在具体操作上，确定精神损害抚慰金数额，要考虑国家财政负担能力。同一精神损害，在不同国家会得到不同的赔偿，我国与发达国家肯定存在较大差距，我国各地区之间由于经济发展不平衡也会存在一定差异，因此，应由最高人民法院根据司法实践经验，结合我国国情和各地区经济发展状况，确定精神抚慰金的最高限额和最低限额，同时授权各高级人民法院，在最高限额和最低限额范围内，根据当地经济社会发展水平，结合当地财政负担能力，制定各自较为详细的标准。

3. 高于民事赔偿原则

民事赔偿既赔偿直接损失，也赔偿可以预见的损失，其精神损害赔偿纯粹系象征意义上的抚慰性质。而国家赔偿以赔偿直接损失为主，由于限制人身自由赔偿标准偏低，“麻旦旦处女嫖娼案”后法学界要求给予精神损害赔偿的呼声强烈，《国家赔偿法》修正时增加“精神损害抚慰金”，在某种程度上也具有弥补国家赔偿金不足的功能。国家公权力机关的权力作用范围与程度往往较民事主体的影响更为宽泛、深刻，国家侵权损害的结果尤其是精神损害的结果往往比民事侵权精神损害的后果更加严重。而国家财政赔付能力又远远超过民事主体的赔偿能力。我国已经是世界上第二大经济体，国家赔偿金所占财政收入的比例极为有限，完全有财力承担。由于国家赔偿精神抚慰金与民事精神损害赔偿在立法背景、功能、侵权程度和赔偿能力方面均存在显著的区别，故不能将国家赔偿精神损害抚慰金简单等同于民事精神损害赔偿，而应当高于民事精神损害赔偿。

4. 合理裁量原则

确定精神损害抚慰金应当坚持一般性与特殊性相结合的原则，在相应的赔偿标准确立之后，法官对具体个案的赔偿金额仍有一定的自由裁量权，精神损害抚慰金根据受害人精神损害的程度和后果确定，需综合考虑以下因素：（1）羁押、监禁时间长短；（2）罪名、刑罚轻重；（3）纠错环节及过程；（4）伤残程度及造成伤残、死亡的原因、手段等；（5）侵权人的主观过错；（6）受害人的过错程度；（7）侵权机关事后采取弥补措施的及时有效性；（8）受害人的谅解程度；（9）侵权行为的社会影响；（10）其他应当考虑的因素。

5. 协商优先原则

《行政诉讼法》第66条第3款规定："赔偿诉讼可以适用调解。"《最高人民法院关于人民法院赔偿委员会审理国家赔偿案件程序的规定》第九条规定："赔偿委员会审理赔偿案件，可以组织赔偿义务机关与赔偿请求人就赔偿方式、赔偿项目和赔偿数额依照国家赔偿法第四章的规定进行协商。"法律和司法解释如此规定的本意是希望通过调解或协商的方式快速有效地化解纠纷，那么精神损害抚慰金同样可以协商。协商可以促使赔偿请求人服判息诉，避免赔偿请求人不必要的申诉信访，在某种意义上，充分协商还可以实现最大的精神抚慰功能，对此法院应当持肯定和鼓励态度。课题组认为精神损害抚慰金的协商应坚持自愿合法的原则，赔偿义务机关应当充分听取申请人的意见，尽量争取在达成协议的基础上作出赔偿决定；人民法院赔偿委员会处理精神损害赔偿请求，也要积极推动当事人进行协商。

（三）正确把握国家赔偿精神损害赔偿的适用条件

1. 主体要件

依照《国家赔偿法》第35条规定，国家侵权精神损害责任的依据为《国家赔偿法》第3条、第17条，故责任主体应当限缩为行政机关和行使侦查、检察、审判、监狱管理职权的机关。这就要求赔偿请求人申请精神损害赔偿时，必须明确侵权主体为公务机关，若非前述主体造成的精神损害，则应排除。如公用事业单位、企业单位造成的侵权赔偿，则不属此列。

2. 行为要件

根据《国家赔偿法》第2条规定，只有公务人员违法行使职权时国家才需承担赔偿责任，那么第35条规定的精神损害赔偿责任的承担当然与此一致：第一，必须是职务行为。即公务机关在履行职责时，实施了《国家赔偿法》第3条、第17条相关职务行为，致受害人精神损害。这里的履职行为不是一个严格主义的要件，只要行为人本身具有相应国家机关工作人员身份，且行为内容与法定职务行为相关，就可推定为履行职务行为。若明确是其他人冒充公务行为产生的精神损害，则不产生国家赔偿责任，由此引发的法律责任应循民法或者刑法上的救济途径解决；第二，必须是法定承担国家赔偿责任的行为。有一种观点认为，承担国家赔偿责任的行为必须是违法行为，但该观点遭到诸多反对，并已经被修正的《国家赔偿法》所摒弃。国家赔偿既有违法归责原则，如违法拘留，也有结果归责原则，如错误逮捕、错误定罪量刑，不论职务行为是否违法，只要是错误的结果就可以赔偿，故不宜将引发国家赔偿的行为定性为违法行为，避免以偏概全；第三，不仅包括作为行为，也包括不作为行为。最高人民法院2000年《关于民事、行政诉讼中司法赔偿若干问题的解释》、2001年《关于公安机关不履行法定行政职责是否承担行政赔偿责任问题的批复》、2004年《关于审理人民法院国家赔偿确认案件若干问题的规定（试行）》等司法解释中，均有对相关国家机关不作为行为应承担赔偿责任的规定。审判实践中要注意区分行政赔偿和司法赔偿在不作为案件受理方面的差异，行政赔偿"只要认为侵犯人身权、财产权的不作为"均属于受案范围，范围非常宽泛；而司法赔偿不作为案件必须限于法律明文规定，范围比较窄。

3. 结果要件

无损害即无责任，实际的损害结果是国家承担赔偿责任的前提，精神损害赔偿亦如此。《国家赔偿法》第35条明确要求"致人精神损害的"，首先，此处的"人"应理解为自然人，国家赔偿法第35条规定已经明确排除了法人作为受害人主体的情形。其次，对于"精神损害"的解读，一般认为是指侵权行为所导致的受害人心理和感情遭受创伤和痛苦，是一种非财产的损害。《国家赔偿法》第35条以法定方式将因财产权利受损而产生的精神损害排除在外，在国家赔偿责任制度中精神损害赔偿只有人身性内容，至于具有人格象征意义的特定纪念物品因国家侵权行为而永久性灭损而产生的精神损害需要纳入国家赔偿的范围，则有待于今后立法完善。再次，由于精神痛苦的主观性与复杂性，对于精神损害是否真实存在的判断，一般依客观标准，同时兼顾一些其他因素，否则无法统一司法尺度。只要人身权益有受损情形的，则可认定精神损害必然伴有发生，就是“致人精神损害”。所以要证明当事人精神损害的存在，必须要先行判断相应人身权益受损的存在，根据《国家赔偿法》第 17 条的规定，我们归纳出有可能产生精神损害的情形主要是侵犯了受害人的生命权、健康权、身体权、人身自由权、名誉权（人格尊严）等人身权益。实践中把握精神损害严重后果不能简单等同于刑事审判，不能要求过于严格。课题组认为，侵犯受害人人身自由权、生命健康权，如果通过消除影响、恢复名誉、赔礼道歉等方式不足以抚慰其精神上损害，原则上就应当给予精神损害抚慰金。以下结合被侵犯的权益的种类来探讨“严重后果”的情形及其判断标准。

（1）生命权受损下的精神损害。《国家赔偿法》第 17 条第（4）、（5）项涉及到对生命权的侵害，相应的精神受损包含两方面内容，一是受害人本人生命丧失与死前遭受的精神痛苦，二是特定第三人（如受害人的近亲属）因亲朋离世的精神痛苦。这种精神损害毋庸置疑属于严重后果的精神损害，必须要给予相应赔偿。在受害人死亡时，大多数国家包括我国在内均赋予受害人近亲属有获得精神损害赔偿的权利。对这种请求权的基础问题，主要有继承说、法定说和精神损害赔偿客体转换说三种观点。继承说认为，既然精神损害赔偿请求权是《国家赔偿法》规定的请求赔偿的权利，那么依据《国家赔偿法》第 6 条第 2 款的规定，就是可以继承的。日本最高裁判所的判例明确精神损害赔偿请求权可以成为继承的对象，但遭到日本学界的反对，主要原因是死者无权利能力，死亡的精神损害赔偿请求权一旦归属于死者，再被继承，在逻辑上难以成立。《德国民法典》第 847 条明确规定非财产上损害之赔偿请求权不得让与或继承，但已依契约承认或已起诉者不在此限，我国民法持相同观点。法定说认为，继承人和其他有抚养关系的亲属取得赔偿请求权的依据是法律授权，而非源于继承，此与精神损害的人身专属性相吻合。精神损害赔偿客体转换说认为，死者的近亲属之所以应当享有精神损害赔偿请求权，是因为受害人死亡给他们带来了精神痛苦。即在受害人死亡的情形下，精神损害赔偿的对象是其近亲属的精神痛苦。该观点与主张直接精神损害与间接精神损害区分的观点不谋而合，认为精神损害既包括因国家侵权导致的受害人本人遭受的直接精神损害，也包括因受害人该遭遇导致的其近亲属的间接精神损害。一般情况下，直接精神损害属于国家赔偿精神损害赔偿的必然客体，而间接精神损害则是确定赔偿方式或计算赔偿数额时应当综合考虑的酌定因素，但在受害人死亡的情况下，精神损害赔偿客体发生转换，即转而救济死者近亲属的精神损害。由此避免了承认对死者进行精神救济与民法基础理论冲突的尴尬。值得说明的是《国家赔偿法》第 34 条又规定了死亡赔偿金，该赔偿金是财产赔偿还是精神赔偿，我国法学理论界还有一定争议，但鉴于

《国家赔偿法》已明确将精神损害抚慰金、死亡赔偿金与被扶养人生活费分列，因此三者可以同时请求。

（2）健康权、身体权受损下的精神损害。《国家赔偿法》第 17 条第（4）、（5）项涉及到对侵害健康权、身体权的赔偿，健康权、身体权的受损，必然对人的精神造成损害。但如何认定“造成严重后果”？课题组认为：一是被侵权人身体的某些部分因被侵害而永久性灭失、毁损不能修复。目前民事审判中一般认为构成伤残即可认定后果严重，国家赔偿可参照民事侵权损害赔偿把握。在因身体权、健康权受损评定劳动能力丧失或减损时，被侵权人的职业情况应予考虑。因为普通人眼里的轻微伤却可能严重损害被害人特殊劳动技能，这样的精神损害是严重的。二是因侵害身体权严重影响受害人正常工作、生活[①]，如致使受害人患上重大疾病等等。

（3）名誉权受损下的精神损害。《国家赔偿法》第 17 条第（1）、（2）、（3）项涉及对公民名誉权（人格尊严）的赔偿。国家机关在行使刑事职权时若对当事人存在错误立案并行使刑事侦查权的，在我国社会容易被好事者借题发挥，从而对受害人形成精神巨压，可能造成精神上的严重损害，这时国家机关采用恢复名誉、消除影响、赔礼道歉等方式若不能完全抚平当事人的痛苦，则应赔偿精神抚慰金。如何认定侵害名誉权致人精神损害“造成严重后果”，一般可考虑以下情形：一是造成受害人自杀、自伤的；二是造成受害人患上精神疾病的；三是因名

① 如因伤害而损容色，虽为无形之损害，然在未婚女子、电影明星、优伶，则得为财产上之损害。参见史尚宽：《民法总论》，中国政法大学出版社 2000 年版，第 219 页。

誉受损造成受害人婚姻关系破裂或者导致家庭成员自伤、自杀情形的；四是严重影响生产经营活动，导致企业破产或倒闭的。对此应由受害人举证，再由法官参酌受害人的性别、年龄、职业等因素综合判断。实践中，一些公务人员因判刑被开除公职，其因此承受的精神痛苦要比普通人严重，实质这仍是名誉权受损而引发的精神损害赔偿。尽管有时候公务人员被判处的是缓刑，未被实际羁押，国家不需要支付限制人身自由赔偿金，但也应当考虑支付精神损害抚慰金。

（4）自由权受损下的精神损害。《国家赔偿法》第 17 条第（1）、（2）、（3）项涉及到对侵害人身自由权的赔偿。自由权（又称人身自由权）是指公民在法律范围内有独立行为而不受他人干涉的权利。侵害自由权的行为包括非法拘禁他人身体、非法搜查他人身体、非法妨碍他人通行或通信自由等。人身自由权不同于侵害健康权、身体权，可能没有疾病和伤残后果，那么如何认定精神损害"造成严重后果"？课题组认为，人身体自由活动的权利对于人类来讲是最基本的权利，若被非法侵害，产生精神损害是必然的。如当事人被错误定罪判刑并已执行，就可认为是精神损害严重，因为法院的判决对当事人而言是很严厉的终局评价，而且实际判刑并执行了，那么造成的精神损害严重程度是不言而喻的。实践中对限制人身自由的精神损害后果严重应当放宽理解，只要违法羁押如违法拘留、错误逮捕等，就可以认定精神损害后果严重，应当给予精神损害赔偿。

4. 因果关系要件

侵权行为与损害结果之间存在因果关系是精神赔偿责任承

担的一个关键条件。但如何判断相应损失是侵权行为所导致的，往往存在一定困难。课题组认为，不管是积极还是消极的行为，在客观上，没有不法行为，通常不发生精神损害，而反之则损害往往发生，这种情形下，就可以认定国家侵权行为与精神损害的发生之间具有因果关系。确立刑事赔偿的因果关系，应当区别情况分别遵循以下三个规则：第一，直接原因规则。行为与结果之间具有直接因果关系的，无需再适用其他因果关系规则，即一因一果；第二，相当因果关系规则，也称适当条件说。即，某一事实仅于现实情形发生某种结果，尚不能认定因果关系，必须在一般情形，依社会的一般观察，也认为能发生同一结果，方能认定；第三，推定因果关系规则，也称盖然性因果关系说。该学说着重于在赔偿请求人与赔偿义务机关之间分配证明因果关系的举证责任，是指在特定场合，可以适用推定因果关系规则认定因果关系。司法实践中，赔偿请求人一般可以提供下列证据：①死亡证明书；②伤残等级鉴定、机体功能丧失鉴定、劳动能力鉴定和植物人鉴定的鉴定结论书；③身体伤害的医疗诊断和治疗资料；④精神疾病的诊断和治疗资料；⑤离婚证书；⑥其他资料，比如导致长期失眠，血压升高、易怒狂躁等心理、病理诊断和治疗资料[①]。由于赔偿义务机关在证据掌握上具有明显优势，因此，对于受害人主张赔偿义务机关侵权事实或者部分侵权的事实，可采用举证责任倒置的原则。赔偿义务机关一般应当提供下列证据：①证明作出被请求赔偿

---

① 高玉成："关于刑事赔偿中精神损害抚慰金若干问题的探讨——以审判经验总结为视角"，载《国家赔偿审判前沿》（第1卷），法律出版社2003年版，第203页。

职权行为的事实以及合法性的证据；②证明具有《国家赔偿法》第19条规定的免责情形，或者具有依法减轻责任情形的证据；③证明精神损害不存在或者没有达到严重后果程度的证据；④证明其行为与精神损害及其严重后果之间不存在因果关系或者仅存在部分因果关系的证据。此外，我们也不能排除有些精神损害的产生确非国家侵权行为导致，而可能是由第三人或者当事人自身过错造成的，所以必须将与国家侵权行为完全无关的精神损害从赔偿范围中排除，同时对混合过错引发的国家侵权赔偿责任要区别原因力的大小，这样才能准确确定国家的精神赔偿责任。

（四）合理确定国家赔偿精神损害抚慰金的评算方法

如何确定精神损害赔偿的标准和评算方法，可以从设立该项制度的初衷、实际运行的效果、社会认可度等方面进行考虑。首先，国家赔偿精神损害抚慰金是国家通过金钱抚慰达到填补精神损害的目的，体现了尊重和保障人权的现代法治理念。故对于精神损害抚慰金的赔偿，总体上可以把握刑事赔偿特别是无罪羁押赔偿适当高于民事赔偿、行政赔偿和非刑事司法赔偿标准[①]。其次，从各地司法实践的经验看，国家精神损害的标准和方法需要统一。修正的《国家赔偿法》明确了精神损害赔偿，但将具体标准问题留给司法实践解决。各地法院在办理国家赔偿案件特别是刑事赔偿案件过程中，积累了一些经验，一些高级人民法院试行了本地区的赔偿标准，但各地的标准和评算方

① 江必新："创新理论研究、促进学术交流、进一步推动人民法院国家赔偿工作科学发展"，载《国家赔偿审判前沿》（第1卷），法律出版社2003年版，第5页。

式不一，也导致了民众对精神损害赔偿标准的质疑[①]。最后，国家赔偿精神损害赔偿的标准和评算方法应当得到社会各界的普遍接受和认可。国家赔偿精神损害抚慰金的标准和确定方法是一个具体实践加多方论证的过程，其最终得出的结论应当是司法实务部门、社会公众以及学术界等多方达成的共识，该共识是理性判断和价值判断的统一。

关于精神损害抚慰金数额的确定方法，目前司法实践有两种做法：一是根据精神损害后果的情形不同分项确定；二是以人身自由权、生命健康权赔偿金总额的一定比例确定。课题组赞成第二种做法，理由是：第一种做法精神损害抚慰金明码标价，精确细致，有利于发挥精神损害抚慰金的功能，国外多数国家采用这一方法，但这种方法计算复杂，不容易操作，而且比较僵化，不能随着社会经济发展水平或者国家上年度职工平均工资的增长而增长，具有一定的滞后性。国家赔偿精神损害赔偿在我国刚刚起步，各方面经验比较缺乏，宜粗不宜细。第二种做法考虑当前精神损害赔偿案件主要以刑事司法案件为主的实际情况，对于受害人残疾或者死亡的情形，直接以受害人或其亲属获得赔偿的侵犯人身自由权赔偿金、残疾赔偿金、死亡赔偿金的总额为依据，综合考虑受害人精神损害的严重后果等因素，在一定比例幅度范围内确定，更加切实可行。它具有

---

① 河南省平顶山市中级人民法院对李怀亮案作出国家赔偿决定：被限制人身自由4282天的赔偿金78万元，精神损害抚慰金20万元，共计98万元。决定作出之后，李怀亮的代理人认为，20万元的精神损害赔偿金明显偏少，李怀亮羁押12年，精神损害抚慰金为20万元，浙江叔侄强奸案中的张辉、张高平服刑10年，精神损害赔偿金为45万元，因此要求将精神损害抚慰金提高到54万元。

以下优点：第一，简单易懂，操作便利；第二，基准本身已经考虑了限制人身自由的时间长短和侵犯生命健康权的严重程度，只需再行考虑其他因素调整具体金额即可；第三，固定下限，体现对人权的起码尊重；第四，上限大致固定但可以随着经济社会发展变化而变化，比较灵活；第五，受害人预期受到明确限制，可以避免“漫天要价”。应当指出，以人身自由权、生命健康权赔偿金总额的一定比例确定精神损害抚慰金也存在一定的局限性，实践中可能出现羁押时间短而精神损害非常严重的案件如“麻旦旦处女嫖娼案”，以及没有羁押的判处缓刑案件，就难以简单适用，而应当具体情况具体分析，作特殊个案处理，其精神损害抚慰金不受人身自由权、生命健康权赔偿金总额的一定比例的限制。

（五）强化非金钱赔偿方式的适用

修正的《国家赔偿法》虽然在刑事精神侵权救济上增加了金钱抚慰责任，但还是保留了原有的行为救济责任。这种行为救济责任亦即该法第35条所规定的“消除影响，恢复名誉，赔礼道歉”。相对于金钱抚慰方式而言，这是一种体现人身权特性的救济，具有非货币性、行为性的特点，也被称为刑事精神损害的行为性救济或非货币救济[①]。强化非金钱赔偿方式的适用，应当注意以下两点：

一是明确非金钱赔偿的适用方式。人民法院在适用“消除影响，恢复名誉和赔礼道歉”时，应注意“消除影响、恢复名

---

① 韦庆松、姚英：“问题与进路：国家刑事精神损害行为型救济及其强制执行”，载《国家赔偿审判前沿》（第1卷），法律出版社2003年版，第65页。

誉”与“赔礼道歉”作为非金钱赔偿方式，既可以单独适用，也可以合并适用。其中，消除影响、恢复名誉应当公开进行。人民法院决定为受害人消除影响、恢复名誉的，可以根据赔偿义务机关与赔偿请求人协商的情况，或者根据刑事司法侵权行为直接影响所及、受害人住所地、经常居住地等因素确定履行范围，决定由赔偿义务机关以适当方式为受害人消除影响、恢复名誉。人民法院决定向受害人公开赔礼道歉的，可以参照上述“消除影响、恢复名誉”的方式执行。

二是明确其强制执行问题。课题组认为，赔偿决定之所以难以强制执行，主要是司法理念障碍，公权力主体和私权利主体没有平等对待。由于国家刑事精神损害赔偿相较于民事精神损害赔偿，存在被执行主体等方面的不同，决定了我国在构建国家刑事精神赔偿强制执行制度时，不能照搬已有的民事执行程序。由于民事侵权精神损害赔偿的被执行主体是一般公民与法人，对其执行所造成的影响只及于其本人，不会给公众造成太大影响，可以以完全填补损害为标准来采取各种相应的执行手段；而国家刑事精神损害赔偿的被执行主体涉及行使公共权力的国家机关，对其的执行行为应保持一定限度，不能使国家机关的运转陷入瘫痪。不宜采用类似执行联动威慑机制以市场禁入方法和限制出境方法来执行，但对于拒不执行消除影响、恢复名誉或者赔礼道歉的，赔偿请求人要求公开执行的，法院可以参照民事判决的执行方法，将国家赔偿决定书公开张贴或登报，为受害人消除影响，恢复名誉。国外也有类似做法，如法国关于司法赔偿中的精神损害赔偿，除明确金钱赔偿外，还规定应将冤假错案的判决书通过张贴、公告方式消除影响[①]。至于执行机构的选择，应当由法定作出赔偿决定的法院赔偿委员会所在法院执行机构负责执行。这样既考虑到国家赔偿的赔偿义务机关都是公权力机关（其中相当一部分就是法院本身），避免强制执行主体与赔偿义务机关同一而产生执行的困难，又可以充分利用现有的执行队伍，使赔偿执行工作能直接站在一个高起点来发展。

（六）加快立法和司法解释进程

1. 适当扩大精神损害赔偿范围

与民事诉讼可以赔偿可预见的损失相比，现行《国家赔偿法》规定仅仅赔偿直接损失，不少合理费用均没有纳入国家赔偿补偿范围，无法“让广大人民群众在每一个司法案件中感受到公平和正义”。《国家赔偿法》自1995年实施至今，全国每年国家赔偿案件不到3000件，与大量的涉法涉诉信访案件明显不成比例；全国支付的国家赔偿金没有超过1亿元，与我国经济社会发展水平严重不相适应。由于国家赔偿范围过窄，赔偿标准偏低，赔偿渠道不畅，又没有配套的补偿制度，严重影响国家赔偿审判职能作用的发挥。国家赔偿特别是冤狱赔偿案件，申诉上访率很高，极易引发社会同情，处理不当会严重损害司

---

① 法国《刑事诉讼法典》第626条第1款规定：“依据本编之规定经认定无罪的被判刑人，有权按照判刑对其造成的物质与精神损失得到全额赔偿金。”同条第6款规定：“认定被判刑人无罪的再审判决应在原来宣告判刑的城市，重罪或轻罪实施地的市镇行区，再审之诉的申请人住所地的市镇行区，以及司法错误的受害人，如其已死亡，其出生地以及最后住所地所在的市镇行区内张贴；在同样条件下，得命令将此判决登载于《官方公报》以及由宣告决定的法院所选定的5家报纸。”

法公信力。目前国家赔偿精神损害赔偿局限于《国家赔偿法》第3条和第17条之规定范围，赔偿范围明显偏小，并且有些法律规定不明，建议最高人民法院通过司法解释等形式，将判处缓刑、司法拘留、监视居住、同一罪名部分犯罪事实宣告不成立等纳入精神损害赔偿范围，进一步扩大国家赔偿范围。

2. 建立国家补偿制度和省一级的国家赔偿补偿专项资金

在学理上，一个完整的国家行为救济范围应该包括国家赔偿和国家补偿[①]。公法意义上的国家责任，主要可以分为国家赔偿责任和国家补偿责任两类[②]。对二者关系，有学者认为，社会主义国家对公民承担责任应当是全面的，即国家赔偿立法应当有一个总体考虑，不论是国家机关违法行为还是国家机关合法行为造成的损失，国家都应负责填补[③]。从国际或区域立法看，区分或不区分国家赔偿与国家补偿均有立法例。目前我国台湾地区亦不区分国家赔偿与补偿，从2011年8月1日起，《刑事补偿法》代替自1959年起实行的冤狱赔偿法[④]。而我国的国家赔偿法并未对国家补偿责任予以明确规定，而是散见于《物权法》、《土地管理法》、《公路法》、《人民警察使用警械和武器条例》等单行法律规范中，其责任类型主要可以分为征收补偿责

① 江必新、梁凤云、梁清：《国家赔偿法理论与实务》（上卷），中国社会科学出版社2010年版，第147页。

② 同上。

③ 应松年等："国家赔偿立法探索"，载《中国法学》1991年第5期。

④ 如法国最高法院内设立"补偿委员会"来统一处理司法赔偿请求。日本宪法中同时出现"赔偿"与"补偿"概念，但其国家赔偿法并不包含国家补偿，国家赔偿问题由国家赔偿法来调整，国家补偿问题由宪法或其他个别法调整。在英语语系，赔偿与补偿均为Compensation。

任、权利限制补偿责任、信赖保护补偿责任、衡平补偿责任、刑事补偿责任等①。我国学界的通说将侵害行为是否合法作为二者区分的标志，修正的《国家赔偿法》未对国家补偿责任予以明确规定，而是通过采纳多元化的归责原则方式，将一些本属于国家补偿责任的内容纳入国家赔偿范围，结果归责原则的出现，已经突破了以国家违法或过错的职务行为为前提的国家赔偿理论，这就导致了法学理论与立法实践的脱节。课题组认为，国家赔偿与补偿都是国家机关依法行使职权、履行职责的必要成本，两者主要是内部追偿追责上有所差别，对外难以截然分开。从促使当事人服判息诉角度，国家赔偿和补偿完全有统一立法的必要。

现行的司法救助制度与国家赔偿补偿制度在功能定位上存在错位。司法救助作为国家对弱势群体的一种特殊福利，是根据当事人的经济困难的状况决定的，而国家赔偿补偿是根据侵权和损害事实确定的，是国家承担的侵权责任，二者在性质、目的、范围、对象和程序以及标准方面有诸多不同，不能互相代替。由于司法救助制度缺乏严格的法律规范，未经过严格的调查取证和庭审质证，利用司法救助金对涉法涉诉信访案件当事人补偿，容易出现“大闹大解决，小闹小解决”的问题，实践中已经陷入救助越多信访越多的怪圈，中央政法会议明确司法救助制度已经扩展至法度之外、情理之内的补偿问题，不符合法治化改革的方向。建议将补偿功能从司法救助制度中分离

---

① 江必新、梁凤云、梁清：《国家赔偿法理论与实务》（上卷），中国社会科学出版社2010年版，第156－158页。

出来，纳入国家赔偿补偿范围，对因公权力造成损害的案件，可以给予全部或部分补偿。要充分利用这次司法改革地方法院人、财、物收归省级统一管理之机，争取建立省一级国家赔偿补偿专项资金，有效缓解全国统一的国家赔偿范围、标准与地区差异之间的矛盾；同时专款专用，保证国家赔偿补偿金的执行，充分发挥国家赔偿工作的职能作用，有效推动涉法涉诉信访案件法治化解决，促进“法治中国”和“平安中国”建设。

附件 1

《关于国家赔偿精神损害赔偿制度的调研》最高人民法院重点课题调研实施方案

今年 9 月份，由齐院长主持、我院申报的最高人民法院重点调研课题《关于国家赔偿精神损害赔偿制度的调研》顺利中标。为完成本课题，现提出下列实施方案：

一、课题目标

2010 年 12 月 1 日修正实施的《国家赔偿法》确立了国家赔偿精神损害赔偿制度，但由于《国家赔偿法》第 35 条规定较为原则，实践中全国各地法院对于精神损害抚慰金的确定把握不一，各方认识差异较大。同时，由于国家赔偿精神损害赔偿制度在我国确立时间不长，实践积累的案例不多，理论与实践的研究还相当缺乏。通过本课题的调研，将进一步厘清对国家赔偿精神损害赔偿制度的现状、问题和定位作用的认识，提出符合现实需要的操作意见，并在此基础上，提出完善国家赔偿制度，建立补偿制度的设想。

二、课题调研的主要内容（初步意见）

（一）基本情况

1. 设立国家赔偿精神损害赔偿制度的背景和意义；

2. 国家赔偿精神损害赔偿的现状：（1）理论的现状：国外与国内；（2）实践的现状：全国的现状和浙江、河南、辽宁、重庆等地区的情况；（3）典型案例与社会各界的反应：以被学界称为“里程碑式”的张辉、张高平再审赔偿案为例。

（二）问题和困难

1. 精神损害赔偿的功能定位和原则问题。精神损害赔偿的功能定位的不同认识：抚慰、补偿还是惩罚？除前述功能外，有无不同于民事精神损害赔偿的功能？关于确定原则的争议：宏观原则还是微观原则？应当确立哪些原则？

2. 赔偿请求人问题。精神损害赔偿金的请求人有哪些？今后受害人和家属能否分别请求精神损害赔偿？能否转让和继承？

3. 赔偿义务主体问题。精神损害赔偿能否存在多个赔偿义务主体问题（以田伟冬赔偿案为例，公安机关和法院能否分别进行精神损害赔偿）？

4. 精神损害赔偿范围问题。是否局限于侵犯人身权和生命健康权范围？侵犯财产权是否存在精神损害赔偿问题？行政赔偿与司法赔偿有无区别？（劳动教养、行政拘留都存在精神损害赔偿问题）《国家赔偿法》第 38 条规定的违法司法拘留是否应给予精神损害赔偿？

5. 精神损害后果严重的认定问题。精神损害赔偿应当考虑哪些因素？因果关系如何确定？

6. 精神损害赔偿金的计算标准问题。全国是否需要统一？与什么挂钩？有无必要最高额和最低额的限制？如何判断精神损害赔偿金额高低问题？

7. 精神损害后果严重程度比较问题。客观标准还是主观标准？同案和异案中如何比较精神损害后果轻重？如长期羁押与致人死亡的比较等。

8. 精神损害赔偿的形式问题。赔礼道歉、消除影响、恢复名誉是否是精神损害赔偿的形式？如何解决执行难问题？

9. 请求精神损害赔偿的途径问题。能否单独提起？未依法及时提起如何处理？

10. 精神损害赔偿与国家赔偿、补偿救助的关系问题。当前国家赔偿金额偏低的矛盾能否通过提高精神损害抚慰金来解决？精神损害赔偿和补偿救助能否互相替代或转化？

（三）建议和对策

1. 准确定位国家赔偿精神损害赔偿制度。我国国家赔偿精神损害赔偿应当定位于补偿功能。可能还有其他功能。

2. 明确精神损害赔偿的构成要件。包括主体、行为、结果和因果关系四要件。提出因果关系判断的法则。

3. 合理确定精神损害赔偿的计算标准。目前有“参照民事说”、“高于民事说”、“本地经济状况说”、“服判息诉说”等不同观点。

4. 切实解决精神损害赔偿求偿难的问题。分别从赔偿请求人、赔偿义务主体、赔偿途径和赔偿形式等多角度论述。如赔礼道歉的执行问题是审判实践的难题，能否借鉴民事审判的办法，将国家赔偿决定书登报等。解决追偿难问题。

5. 建立完善国家赔偿补偿制度。当前国家赔偿金额偏低，精神损害赔偿制度的定位决定了大幅度提高精神损害赔偿金不现实，亟须建立国家补偿制度，实践中也大量存在以司法救助、经济补偿等名义予以补偿的现象。《国家赔偿法》第 37 条第 1

款规定："赔偿费用列入各级财政预算。"在国家补偿法没有出台之前，能否尝试由省一级制定国家赔偿补偿基金管理条例或办法，建立省一级统一的国家赔偿补偿基金？一是解决经济发达地区国家赔偿金不足，赔偿请求人服判息诉难的矛盾。二是可以将司法补偿规范化，引导涉诉信访案件走法治化道路。三是专款专用，便于国家赔偿补偿金的执行。

（四）附件

1. 在调研的基础上，草拟出《最高人民法院关于确定国家精神损害抚慰金若干问题的解释（建议稿）》

2. 拟通过政协、人大提案等各种方式，在我省探索建立国家赔偿补偿基金，率先在全国开展国家赔偿补偿规范化工作。

三、课题的具体分工

本课题由赔委会主任蒋中东总负责，赔委会副主任江勇具体负责，赔委会全体成员参加调研，同时吸收衢州中院行政庭秦新举参与调研。本课题调研分工如下：

1. 万成兆负责撰写调研报告"基本情况"部分，同时负责资料收集、调查问卷设计和数据统计等工作。

2. 秦新举负责撰写调研报告"问题与困难"部分。

3. 马良骥负责撰写"建议和对策"部分，同时负责调研成果转化工作：在最高法院司法解释草案基础上提出《最高人民法院关于确定国家精神损害抚慰金若干问题的解释（建议稿）》。

4. 江勇负责起草关于建立国家赔偿补偿基金的提案工作。

5. 蒋中东、江勇负责调研报告三部分的统稿工作。

本课题形成正式调研报告及所附司法解释建议稿、省人大政协提案，报高副院长、齐院长审定后，作为课题成果上报最高法院。

四、课题完成的时间安排

1. 2013年年底，完成初步调研工作。拟选择河南、辽宁、重庆三个典型地区的省份，调研国家赔偿精神损害赔偿制度的实施情况，并完成建立国家赔偿补偿基金的提案起草工作。

2. 2014年元旦以后，万成兆、秦新举、马良骥分头撰写调研报告，春节前完成相关初稿。

3. 2014年3月1日前，江勇完成调研报告初稿三部分的统稿工作，形成课题调研报告初稿，并作好迎接最高法院课题中期检查的准备。

4. 2014年5月1日前，根据最高法院课题中期检查提出的问题和要求进行修改和完善，并拟定《最高人民法院关于精神损害抚慰金若干问题的解释（建议稿）》。

5. 2014年7月1日前，邀请3至5位国内知名专家，召开一次国家赔偿精神损害赔偿研讨会，对调研报告和司法解释建议稿等提出意见，在继续修改完善的基础上课题结题。

上述方案如无不妥，拟于2013年10月20日前召开本课题开题会，实施本调研方案。

课题组

2013年10月11日

附件 2

最高人民法院关于国家赔偿精神损害赔偿若干问题的解释（建议稿）

为依法确定国家赔偿精神损害赔偿责任，妥善处理国家赔偿纠纷，充分保障公民的合法权益，根据《中华人民共和国国家赔偿法》（以下简称《国家赔偿法》）的规定，结合国家赔偿工作实际，制定本解释。

第一条 国家机关及其工作人员行使职权，侵犯公民的人身权益，致其精神损害的，受害人可以依法申请精神损害赔偿。

第二条 具有《国家赔偿法》第三条或者第十七条规定情形之一的，受害人在申请国家赔偿时，可以一并提出精神损害赔偿请求。

赔偿请求人没有一并提出精神损害赔偿请求，人民法院在审理过程中发现符合精神损害赔偿条件的，应当向其释明《国家赔偿法》第三十五条规定的内容，并将相关情况记录在案。案件终结后，赔偿请求人基于同一事实就同一赔偿义务机关另行提出精神损害赔偿请求的，人民法院不予受理。但人民法院未履行告知义务的除外。

第三条 受害人死亡的，其继承人和其他有抚养关系的亲属有权依照本解释第二条规定提出精神损害赔偿。

部分继承人和其他有抚养关系的亲属提出精神损害赔偿请

求，案件终结后，其他继承人和其他有抚养关系的亲属基于同一事实就同一赔偿义务机关另行提出精神损害赔偿请求的，人民法院不予受理。

第四条 人民法院判处缓刑后通过审判监督程序再审改判无罪的，受害人未被实际羁押的，可以单独提起精神损害赔偿请求。

第五条 受害人依照《国家赔偿法》第三十五条规定可以请求消除影响，恢复名誉，赔礼道歉，还可以请求支付相应的精神损害抚慰金。

侵权行为致人精神损害未造成严重后果的，人民法院赔偿委员会决定不予支付精神损害抚慰金，但应在国家赔偿决定书主文中明确，由赔偿义务机关在侵权行为影响的范围内为受害人消除影响、恢复名誉或者赔礼道歉。

第六条 赔偿义务机关在案件审理终结前已经履行消除影响，恢复名誉，赔礼道歉义务，赔偿请求人明确表示谅解的，人民法院赔偿委员会可以在国家赔偿决定书中予以说明，不再写入赔偿决定书主文。

第七条 侵犯公民人身权具有下列情形之一的，属于《国家赔偿法》第三十五条规定的精神损害“严重后果”：

（一）死亡；

（二）重伤或者残疾（含严重精神障碍）；

（三）婚姻关系破裂或者家庭成员自伤、自杀；

（四）严重影响生产经营活动，导致企业倒闭或者破产；

（五）某些特殊职业能力丧失或受损，严重影响其工作；

（六）违法拘留或错误逮捕；

（七）错误定罪判刑，原判刑罚已经全部或部分执行；

（八）违法监视居住；

（九）主要犯罪事实不成立；

（十）其他精神损害后果严重的情形。

第八条 精神损害后果由赔偿请求人提供证据证明。赔偿请求人举证确有困难的，人民法院可以根据赔偿请求人的申请或依职权调取相关证据，必要时依照有关规定提供法律援助。

第九条 精神损害抚慰金主要根据受害人精神损害的程度和后果确定，同时综合考虑以下因素：

（一）精神损害事实和严重后果的具体情况；

（二）侵权机关及其工作人员的违法、过错程度；

（三）侵权的手段、方式等具体情节；

（四）罪名、刑罚的轻重；

（五）纠错的环节及过程；

（六）赔偿请求人住所地或者经常居住地平均生活水平；

（七）赔偿义务机关所在地平均生活水平；

（八）其他应当考虑的因素。

第十条 精神损害抚慰金一般在受害人人身自由权、生命健康权赔偿金总额的50%以下确定，但最低不得少于1000元。

各省、自治区、直辖市高级人民法院可以确定本地区的精神损害抚慰金支付标准。

第十一条 具有下列特殊情形之一的，精神损害抚慰金可以高于本解释第九条第二款限定的支付标准，但最高不得超过受害人人身自由权、生命健康权赔偿金总额：

（一）行政机关或行使侦查、检察、审判、监狱管理职权的机关及其工作人员对受害人非正常死亡、重伤、残疾、羁押等生命健康权、人身自由权的严重损害具有重大过错，依照《国家赔偿法》第三十一条规定应当追究行政责任或刑事责任；

（二）受害人无任何违法行为；

（三）侵权行为产生特别恶劣影响；

（四）其他特别重大精神损害。

第十二条 没有人身损害赔偿金的精神损害赔偿案件，人民法院赔偿委员会可以依法酌情确定精神损害抚慰金。

第十三条 确定精神损害抚慰金，应当听取各方当事人的意见，在依法、自愿、平等的基础上，在本解释确定的标准内先行协商。

协商达成一致意见，形成书面协议的，书面协议可作为确定精神损害抚慰金的依据，在相关法律文书中载明。

第十四条 支付超过30万元精神损害抚慰金的赔偿案件，应当报省、自治区、直辖市高级人民法院负责国家赔偿工作的机构同意。

第十五条 精神损害抚慰金应当与侵犯人身自由权、生命健康权等国家赔偿金一并支付。

第十六条 人民法院赔偿委员会决定为受害人消除影响、恢复名誉、赔礼道歉的，赔偿义务机关应当自收到人民法院国家赔偿决定书之日起三十日内主动履行消除影响、恢复名誉或者赔礼道歉义务。赔偿义务机关逾期未履行的，赔偿请求人可以向作出赔偿决定的人民法院赔偿委员会所在法院申请强制执行。人民法院执行机构可以参照民事执行方式强制执行，产生的费用由赔偿义务机关负担。

第十七条 人民法院审理《国家赔偿法》第三十八条规定的涉及侵犯人身权的国家赔偿案件，以及人民法院办理涉及侵犯人身权的自赔案件，依法需要确定精神损害赔偿责任的，均适用本解释。

附件 3

关于改革国家赔偿制度　发挥国家赔偿审判职能作用　破解涉法涉诉信访难题的建议

涉法涉诉信访终结制度只是程序上规范了信访案件处理，并没有实质性化解信访矛盾。当前涉法涉诉信访案件居高不下，形势依然严峻，如何化解一直缺乏有效对策。不少当事人合理赔偿诉求尚未纳入国家赔偿补偿范围，而中央政法会议明确司法救助制度的补偿功能亦不能解决上述问题，且不符合司法的法治化改革方向。建议改革国家赔偿制度，充分发挥国家赔偿审判的职能作用，破解涉法涉诉信访难题。理由如下：

第一，解决涉法涉诉信访问题，应高度重视并发挥国家赔偿审判职能作用。国家赔偿补偿是国家机关依法行使职权、履行职责的必要成本。由于国家公权力机关的权力作用范围与程度往往比民事主体的影响更为宽泛、深刻，国家侵权损害的结果尤其是精神损害的结果往往比民事侵权损害更加严重，与民事诉讼可以赔偿可预见的损失相比，《国家赔偿法》规定仅仅赔偿直接损失，不少合理费用均没有纳入国家赔偿补偿范围，无法“让广大人民群众在每一个司法案件中感受到公平和正义”。如被最高法院督办的浙江省法院受理的富利公司国家赔偿案，因法院裁判错误导致当事人的合法权益受到损害，对方当事人又无财产执行回转，受害人申诉多年未果。此案已经引起全国人大代表连续多年的关注。“张氏叔侄强奸赔偿案”，浙江高院作为赔偿义务机关采取适当提高精神损害抚慰金的做法，赔偿当事人各110万余元，但网络上仍有相当一部分网民认为国家赔偿金太少。《国家赔偿法》1995年实施至今，每年全国国家赔偿案件不到3000件，与大量的涉法涉诉信访案件明显不成比例；全国支付的国家赔偿金没有超过1亿元，与我国经济社会发展水平严重不相适应。当前国家赔偿制度的突出问题是赔偿范围过窄，赔偿标准偏低，赔偿渠道不畅，又没有配套的补偿制度，严重影响国家赔偿审判职能作用的发挥。国家赔偿特别是冤狱赔偿案件，当事人极易申诉上访，引发社会同情，损害司法公信力。实践中大量存在体制外解决即案外补偿现象，实际上已经导致国家赔偿制度虚置。

第二，现行的涉法涉诉信访终结制度只是在程序上规范了信访案件处理，并没有实质性化解信访矛盾。在各级党委和政府的重视和支持下，全国投入大量人力、财力和精力，化解涉法涉诉信访案件，取得了很大的成绩。当前司法改革建立涉法涉诉信访终结制度，推动了涉法涉诉信访案件的处理，分流了部分涉法涉诉信访案件，可以称为一种规范化处理信访案件的方式，但实质性化解涉法涉诉信访矛盾还有难度。据调研，引发涉法涉诉信访问题主要有两方面的原因，一方面是转型时期社会心态和当事人的心理原因，另一方面确有部分司法案件存在瑕疵或错误。对于前者，只有通过心理疏导解决。对于后者，由于司法水平和能力等制约，部分司法案件有瑕疵或错误不可避免，应通过法定的司法监督程序纠正和国家赔偿补偿途径化解。从我们调研掌握的数据来看，目前国家赔偿金与处理涉法涉诉信访过程中支出的司法救助金明显不成比例，司法救助金支出至少是国家赔偿金的几百倍，甚至上千倍。学习“枫桥经验”，应当提倡将纠纷化解在萌芽状态，将矛盾消灭在初始阶段。与其事后投入大量人力、物力、财力采用司法救助金来补偿当事人，还不如事先将这些合理的诉求纳入国家赔偿补偿渠道，通过司法途径对一些确实是公权力机关过错造成损害的案件给予赔偿和补偿，以平息纠纷、化解矛盾，引导涉法上访当事人走规范化、法治化道路。

第三，当前的司法救助制度存在一定的弊端，容易陷入救助越多信访越多的怪圈。针对涉法涉诉信访的难题，全国各地纷纷建立司法救助制度，化解信访矛盾。以浙江省为例，2006年，浙江省政法委、财政厅联合下发了《浙江省司法救助专项资金使用管理办法（试行）》，各级政法委设立司法救助资金，公、检、法各个部门利用司法救助金，化解涉法涉诉信访矛盾。实践中司法救助范围不再局限于救助生活困难的当事人，已扩展至法度之外、情理之中的补偿案件。2010 年全省政法委给 2674 个案件当事人发放救助金 4648 万元，2011 年全省政法委给 2840 个案件当事人发放救助金 6157 万元，2012 年全省政法委给 2944 个案件当事人发放救助金 6381 万元，目前浙江省司法救助资金规模已近 1 亿元。利用司法救助金给予涉法案件当事人适当补偿，虽然一定程度上缓解了涉法涉诉信访矛盾，但调研表明司法救助存在“被动救助多，主动救助少；对上访救助多，对不上访救助少；案后救助多，案中救助少”等一系列弊端，陷入救助越多信访越多的怪圈。并且司法救助是根据当事人的经济困难现状决定的，补偿根据损害事实确定，两者在性质、目的、范围、对象和程序以及标准方面有诸多不同。由于司法救助缺乏严格的法律规范，利用司法救助金对涉法涉诉信访案件当事人补偿，容易出现“大闹大解决，小闹小解决”的问题，与法治思维与法治导向不符。

国家救助、国家赔偿、国家补偿是法治国家普遍设立的制度。三项制度设立的法律依据、定位、功能和作用均不相同，不能互相代替。我国已经是世界上第二大经济体，不少省份已经达到中等发达国家小康水平，完全有条件、有财力增加国家赔偿金，建立省一级的经济补偿制度。建议改革国家赔偿制度，将涉法涉诉信访案件中当事人的一些合理诉求纳入国家赔偿补偿范围。适当扩大国家赔偿受案范围，提高赔偿标准，畅通求偿渠道；同时建立配套的补偿制度，对因公权力造成损害的案件，无法赔偿的，可以给予全部或部分补偿，鼓励经济发达的省份立法成立国家赔偿补偿基金，有效缓解全国统一的国家赔偿范围、标准与地区差异之间的矛盾，避免当事人四处申诉上访。只有这样，才能使群众“信法不信访”，充分发挥国家赔偿审判的职能作用，推动涉法涉诉信访案件法治化解决，促进“法治中国”和“平安中国”建设。

附件 4

浙江省政协十一届二次会议第 622 号提案
建议进一步规范我省的国家赔偿费用的支付
探索建立国家赔偿基金

浙江省高级人民法院　高杰

国家赔偿工作事关落实宪法尊重和保障人权的基本原则。事关督促国家机关依法行使职权。2010 年 12 月 1 日修正的《国家赔偿法》实施以来，我省国家赔偿案件明显增多。2013 年全省国家赔偿案件已经近 50 件，赔偿金额已超过 1000 多万元。我省的国家赔偿费用支付总体是好的，但从目前国家赔偿的法律规定和实践操作的关系看确实还存在一些矛盾。

一是由于国家法律规定赔偿范围小，金额偏低，国家赔偿又强调全国的统一性，同时《国家赔偿法》规定仅仅赔偿直接损失，使得不少合理费用较难纳入国家赔偿范围。而我国经济社会发展极不平衡，东西部差异非常大，我省属于经济较为发达地区，国家赔偿特别是冤狱赔偿案件，如果赔偿不合理，当事人极易申诉上访，引发社会同情，损害司法公信力。司法实践也大量存在以司法救助、经济补偿等名义予以案外补偿现象，不仅极不规范，而且面临经费无法支出的困难。

二是财政部门依照内部国库支付规定，支付国家赔偿费用，审批环节较多，程序复杂，难以在国务院《国家赔偿费用管理条例》规定的十五日内支付给当事人，虽然在遇到特殊情况时，财政部门也会通过临时“绿色通道”保证费用支付，但仅是临时之举。同时国家赔偿费用支出每年缺乏固定性，专项预算也难以预测。

三是《国家赔偿法》规定的国家赔偿的追偿制度相对原则，实践中也较难操作，如被追偿的主体的确定，具体的条件、程序等，国家规定不明确。国务院《国家赔偿费用管理条例》第12条在实践中也较难具有可操作性。实践中亟须加强对赔偿支付的监督和追偿的规范。

为解决上述矛盾和问题，鉴于我省国家赔偿费用支付规定明显滞后，建议我省制定单独的国家赔偿费用支付办法以进一步规范国家赔偿费用的支付，目前四川、湖南、北京、重庆等省、市、自治区均已经以地方性法规或规章的形式制定了《国家赔偿费用管理办法》。我省可以依据国务院条例，结合我省实际加以规范。

另外，按照《国家赔偿法》第37条第1款的规定“赔偿费用列入各级财政预算”，我省可以探索率先在全国建立地方财政国家赔偿基金。国家赔偿基金可以设立在地方财政部门，参考北京等地做法，财政按每年收缴罚没款的5%投入，并尝试有条件地将因职务瑕疵造成损害，又难以纳入国家赔偿的少部分相关的合理补偿也有条件地纳入其中，如可以对下列情形进行补偿：司法机关已经依法作出赔偿决定，但根据案件实际，国家赔偿金额明显偏低的；由于公权力机关的行为引起损害，无法纳入国家赔偿范围，但确有补偿必要的。补偿不能高于实际可预见的损失，以促使其服判息诉，并设定法定程序予以规范。

附件 5

浙江省十二届人大二次会议金 56 号代表建议
关于我省设立国家赔偿补偿基金的建议

浙江省人大代表　冯秀勤律师

2010 年 12 月 1 日修正的国家赔偿法实施以来，我省国家赔偿案件明显增多。2013 年全省国家赔偿案件已经近 50 件，仅浙江高院决定赔偿金额就已超过 1000 多万元。预计今后几年，全省国家赔偿案件仍将上升，赔偿费用继续增多。国家赔偿工作事关落实宪法尊重和保障人权的基本原则，事关督促国家机关依法行使职权，事关坚守公平正义的司法底线，事关维护人民法院的司法公信力。最近，习近平总书记指出："努力让人民群众在每一个司法案件中都感受到公平正义。"我省的国家赔偿费用支付还存在一些问题，与广大人民群众要求还有一定距离。建议省人大或省政府以立法形式建立国家赔偿基金，并将补偿纳入其中。理由如下：

第一，保证国家赔偿费用支付的需要。我省财政部门依照内部国库支付规定，支付国家赔偿费用，审批环节较多，程序复杂，难以在国务院《国家赔偿费用管理条例》规定的十五日内支付给当事人。今年浙江省财政厅在"叔侄强奸赔偿案"和"萧山五青年抢劫杀人赔偿案"两案赔偿金支付中均采用"绿色通道”，大大支持了法院国家赔偿工作，但不能解决所有国家赔偿案件的支付问题。而国家赔偿费用支出每年缺乏固定性，专项预算也难以测算和保证。唯有建立国家赔偿基金，制定单独的国家赔偿费用支付办法，才能保证国家赔偿费用的支付。目前四川、湖南、北京等全国近一半省、市、自治区均已经制定《国家赔偿费用管理办法》，重庆市人大常委会还通过了《重庆市实施〈中华人民共和国国家赔偿法〉办法》。我省国家赔偿费用支付规定明显滞后，亟待立法调整。

第二，解决国家赔偿范围小、金额偏低的问题。我国经济社会发展极不平衡，东西部差异非常大，国家赔偿强调全国的统一性，《国家赔偿法》规定仅仅赔偿直接损失，不少合理费用均没有纳入赔偿范围。由于国家公权力机关的权力作用范围与程度往往较民事主体的影响更为宽泛、深刻，国家侵权损害的结果尤其是精神损害的结果往往比民事侵权精神损害的后果更加严重，而国家财政赔付能力远远超过民事主体的赔偿能力，与民事诉讼可以赔偿可预见的损失相比，侵权后果严重反而赔偿金低，无法体现公平和正义。轰动全国的“叔侄强奸赔偿案”当事人张辉、张高平被违法限制人身自由达10年之久，浙江高院作为赔偿义务机关尽管采取适当提高精神损害抚慰金的做法，赔偿当事人各110万余元，但网络上仍有相当一部分网民认为国家赔偿金太少。我省属于经济发达地区，国家赔偿特别是冤狱赔偿案件，当事人极易申诉上访，引发社会同情，损害司法公信力。司法实践也大量存在以司法救助、经济补偿等名义予以案外补偿现象，不仅极不规范，而且面临经费无法支出的困难。由于《国家赔偿法》在短期内难以修改，为有效缓解全国统一的国家赔偿范围、标准与地区差异之间的矛盾，一定程度上化解当事人的不满，避免当事人四处申诉上访，需要我省建立必要的经济补偿制度，以促进我省社会和谐稳定。

第三，引导涉法信访案件走规范化、法治化道路。2006 年，浙江省政法委、财政厅联合下发了《浙江省司法救助专项资金使用管理办法（试行)》，各级政法委设立司法救助资金，公、检、法各个部门利用司法救助金，化解涉法信访矛盾。2010 年全省政法委给 2674 个案件当事人发放救助金 4648 万元，2011 年全省政法委给 2840 个案件当事人发放救助金 6157 万元，2012 年全省政法委给 2944 个案件当事人发放救助金 6381 万元，目前我省司法救助资金规模已近 1 亿元。司法救助范围也包括有一定瑕疵，依照《国家赔偿法》无法给予国家赔偿的案件，但调研表明司法救助存在“被动救助多，主动救助少；对上访救助多，对不上访救助少；案后救助多，案中救助少”等一系列弊端，陷入救助越多信访越多的怪圈，与法治思维与法治导向不符。当前社会信访矛盾比较突出，如何化解一直缺乏有效对策。涉法信访案件中不少当事人曾经申请国家赔偿，相当一部分案件就是国家赔偿案件，与其投入大量人力、物力、财力事后采取“花钱买平安”化解纠纷，还不如在办理赔偿案件过程中事先对一些确实是公权力机关侵权造成损害的案件给予适当补偿，以平息纠纷、化解矛盾。并且补偿是根据侵权和损害事实确定的，而司法救助是根据当事人的经济困难现状决定的，两者在性质、目的、范围、对象和程序以及标准方面有诸多不同，亟须统一和规范，以引导涉法上访当事人走规范化、法治化的解决途径。

《国家赔偿法》第 37 条第 1 款规定："赔偿费用列入各级财政预算。"我省已经达到中等发达国家小康水平，经济实力远远走在全国前列，完全有条件有财力进行统一规范的赔偿和补偿。"法治浙江"和"平安浙江"建设更需要改革的精神和创新的思路，我省可以尝试制定国家赔偿费用管理条例或办法，率先在全国建立各级财政国家赔偿补偿基金（类似于我省财政部门设立的水利基金），以促进我省经济社会发展。

国家赔偿补偿基金可以设立在各级财政部门，参考北京等地做法，各级财政按每年收缴罚没款的5%投入。补偿范围目前不宜过大，着重解决容易申诉上访的案件。国家赔偿补偿基金除了支付法定的赔偿费用处，可以对下列情形进行补偿：司法机关已经依法作出赔偿决定，但根据案件实际，国家赔偿金额明显偏低的；由于公权力机关的行为引起损害，无法纳入国家赔偿范围，但确有补偿必要的。补偿不能高于实际可预见的损失，且必须根据侵权行为的原因力比例，与当事人协商确定具体补偿数额，不宜以决定方式作出，以促使其服判息诉。

附件 6

五省一市国家赔偿涉精神损害赔偿案件基本情况①

（浙江、广东、陕西、辽宁、河南、重庆）

浙江省涉精神赔偿案件基本情况表

序号	地区	赔偿请求人	义务机关	案由	限制人身自由天数	人身损害赔偿金（万元）	精神抚慰金（万元）	备注
1	浙江	张辉	浙江省高院	再审改判无罪	3596	65.573	45	被错误定罪量刑（强奸罪）、刑罚执行、工作生活受到的影响（2013）浙法赔字第1号
2	浙江	张高平	浙江省高院	再审改判无罪	3596	65.573	45	被错误定罪量刑（强奸罪）、刑罚执行、工作生活受到的影响（2013）浙法赔字第2号
3	浙江	田伟冬	浙江省高院	再审改判无罪（抢劫罪部分）	5890	107.404	75	因有盗窃罪存在，人身损害赔偿扣除一年盗窃罪应服刑期间，精神损害赔偿金也适当降低（2013）浙法赔字第3号

① 该附件中关于辽宁、河南两省国家赔偿案件的有关情况，课题组成员蒋成旭进行了初期的统计分析工作。

续表

4	浙江	王建平	浙江省高院	再审改判无罪	6362	116.011	80	纯无辜情形，且在新疆服刑期间身体受伤害较严重，服刑期间一直在申诉，精神赔偿金适当提高
5	浙江	陈建阳	浙江省高院	再审改判无罪（抢劫罪部分）	5913	107.823	75	因有盗窃罪存在，人身损害赔偿扣除一年盗窃罪应服刑期间，精神损害赔偿金也适当降低（2013）浙法赔字第3号
6	浙江	朱又平	浙江省高院	再审改判无罪	6273	114.388	78	纯无辜情形，但相比王建平的羁押日期以及受到的伤害相对较小，故而精神赔偿金相比低2万元（2013）浙法赔字第3号
7	浙江	田孝平	浙江省高院	再审刑期变少	5238	95.514	38	自由赔偿金部分扣除被判处抢劫罪有期徒刑三年部分，是重罪变轻罪，故而相应的精神损害赔偿金占比较低（2013）浙法赔字第3号

续表

8	浙江绍兴	王爱调	绍兴中院	再审改判无罪	549	6.886107	3	错误羁押，限制人身自由长达549天，可以认定属于“造成严重后果”，精神赔偿数额若太低无法满足当事人需求，也不符合社会认知，以人身自由赔偿金的50%较为合宜（2011）浙法委赔字第1号
9	浙江绍兴	冯光平	绍兴中院	再审改判无罪	200	3.253	1	浙江高院改判（2012）浙绍法赔字第1号
10	浙江绍兴	李孝明	绍兴中院	发回重审无罪	1423	25.948405	3	判决并未生效，李孝明本人在公安、检察机关多次做有罪供述，法院一审审理阶段对检察机关起诉书指控的事实及罪名无异议，其主张公安机关对其刑讯逼供亦无证据证明等情节，决定对其精神损害抚慰金的数额酌情确定为3万元。李孝明收到该赔偿决定后，无异议，已经向法院申请支付以上赔偿金（2013）浙绍法赔字第1号

续表

11	浙江台州	赵美生	临海检察院	错误逮捕	101	1.642765	2	错误羁押达101天，心理上的痛苦、人格尊严的受损以及社会评价降低，都是羁押行为可能带来的后果。赵美生在此期间罹患癌症，赔偿义务机关已在案外补偿相关4人70万元 （2012）浙台法委赔字第4号
12	浙江台州	赵仙剑	临海检察院	错误逮捕	120	1.9518	2	错误羁押达120天，心理上的痛苦、人格尊严的受损以及社会评价降低，都是羁押行为可能带来的后果 （2012）浙台法委赔字第5号
13	浙江台州	周和忠	温岭法院	重审检察院撤诉无罪释放	496	8.06744	4	协调结案 （2013）台温法赔字第1号
14	浙江台州	刘雪	温岭法院	二审发回后重审无罪	511	9.318	4	协调结案 （2013）台温法赔字第1号
15	浙江台州	王天勇	温岭法院	二审发回后重审无罪	505	9.2086	4.6	协调结案 （2014）台温法赔字第2号

续表

16	浙江台州	赵振钼	仙居检察院	错误逮捕	373	6.8016	1	维持复议决定（2014）浙台法委赔字3号
17	浙江温州	周春花	文成检察院	错误逮捕	563	9.157195	1	温州中院赔偿委员维持了检察院的赔偿决定，精神赔偿略低（2012）浙温法委赔字第1号
18	浙江嘉兴	孙建平	平湖法院	发回重审无罪	153	2.789955	1.3950	平湖市人民法院（2013）嘉平法赔字第1号国家赔偿决定，决定支付孙建平赔偿金和精神抚慰金共计人民币41849.55元，后申诉到嘉兴中院协调综合赔偿17万元
19	浙江杭州	郑黎明	萧山法院	发回重审无罪	311	5.671085	3	精神赔偿比超50%（2013）浙杭法委赔字第3号
20	浙江金华	何其辉	金华中院	再审无罪	242	4.4128	2.2	精神赔偿占比50%（2013）浙金法赔字第1号

广东省涉精神赔偿案件基本情况表

序号	地区	赔偿请求人	义务机关	案由	限制人身自由天数	人身损害赔偿金（万元）	精神抚慰金（万元）	备注
1	汕尾	袁汉杰	海丰县法院	二审无罪	461	7.498165	3	（2012）汕尾中法委赔字第 1 号法院代理人口头赔礼道歉，不作追究
2	汕尾	林浩泽	汕尾中院	二审无罪	2634	42.842	8	（2013）汕尾中法赔字第 1 号
3	林文	汕尾中院	二审无罪	730	11.8734	2		
4	佛山	李招容	佛山禅城区法院	二审无罪	465	8.4792	2	（2013）佛城法赔字第 1 号
5	佛山	翟熊飞	佛山中院	重审无罪	1326	20		合并赔偿（2012）佛中法赔字第 1 号
6	佛山	陶世连	佛山中院	重审无罪	1326	20		合并赔偿（2012）佛中法赔字第 2 号
7	佛山	程镇捷	佛山南海区检察院	无罪逮捕、刑事违法扣押	625	8.956	2	（2012）佛中法委赔字第 3 号改判原来检察院所作的 1 万元的精神损害赔偿
8	佛山	李丽娟	佛山禅城法院	重审无罪	403	6.5547	2	（2012）佛中法委赔字第 2 号
9	佛山	张燕	佛山中院	重审无罪	172	3.1364	1	（2013）佛中法委字第 1 号
10	佛山	区润华	佛山中院	重审无罪	1187	21.6449	6.5	（2013）佛中法委字第 2 号判项列明口头方式向当事人道歉

续表

11	广州	李云龙	广州白云法院	发回重审撤诉无罪	934	15.1915	3	(2012)穗云法赔字第1号
12	广州	薛冰峰	广州番禺法院	发回重审撤诉无罪	852	12.1265	2	(2012)穗番法赔字第1号
13	增城	张春进	增城法院	重审无罪	798	12.9794	无	当事人赔偿请求中未提及
14	广州	朱碧云	广州中院	发回重审无罪	1386	19.7269	5	(2011)穗中法赔字第3号
15	广州	蔡建飞	广州白云检察院	错误逮捕	138	1.7309	无	(2011)穗中法委赔字第1号 当事人提起精神赔偿,但以没有依据为由驳回
16	广州	谭炳恒	广州白云公安局	错误拘留	35	0.4981	无	(2011)穗中法委赔字第2号 认为精神赔偿没有依据
17	广州	萧健涛	广州中院	重审无罪	1885	34.3729	20	(2013)穗中法赔字第1号 精神损害赔偿金占比非常高,占比达近60%;主要因素包括亲人死亡,无法探望
18	广州	李锦锋	广州中院	重审无罪	1366	24.909	7	(2013)穗中法赔字第3号 明确要求消除影响,恢复名誉,赔礼道歉;认为被逮捕后家人遭到歧视,难以找到工作,也是精神赔偿考虑因素

续表

19	广州	施方银	广州天河公安局	错误刑事拘留	30	0.547	0	（2013）穗中法委赔字第15号 不认为存在精神损害后果严重的情形。
20	惠东	温秀康	惠东县法院	再审改判无罪	189	2.1166	0.5	（2012）惠东法决字第1号
21	惠东	温桂林	惠东县法院	再审改判无罪	95	1.0639	0.3	（2012）惠东法决字第2号
22	惠东	张阳平	惠东县法院	其他	无	无	0.5	（2012）惠东法决字第3号 申请人名字被错误录入全国违法犯罪人员信息库，导致其征兵不能，单独赔偿其精神损害5000元
23	江门	郭卫国	江门新会区检察院	错误逮捕	80	1.1386	0.8	（2012）江中法委赔字第4号
24	江门	陈海涛	鹤山法院	重审无罪	415	6.7499	2.3	（2012）江中法委赔字第5号
25	江门	陈青	鹤山法院	重审无罪	430	6.9939	2.4	（2012）江中法委赔字第6号
26	广州	李云龙	广州白云法院	发回重审撤诉无罪	934	15.1915	3	（2012）穗云法赔字第1号
27	广州	张春进	增城市法院	发回重审无罪	798	12.9794	无	（2012）穗增法赔字第1号 没有赔精神抚慰金；但赔偿了回家路费和食宿费

续表

28	茂名	林宏彬	茂名中院	再审无罪	289	4.6818	1.2	(2012) 茂中法赔字第2号
29	茂名	邵秀	茂名电白县法院	错误司法拘留	17	0.2765	0.5	(2012) 茂中法委赔字第2号
30	茂名	杨家棚	茂名中院	重审无罪	727	13.2568	1	(2013) 茂中法委赔字第2号
31	茂名	潘才	茂名茂港区法院	重审无罪	576	10.5033	0.5	(2013) 茂中法委赔字第3号 当事人请求10万元
32	韶关	陆国名	韶关中院	发回重审无罪	1631	26.5282	0	(2012) 韶中法赔字第2号 精神赔偿方式：致函公安机关依法对陆国名户籍档案中涉及的犯罪记录进行消除。以此达到精神损害抚慰的作用。因没有存在人身伤害等情形，不认为羁押是一种严重的精神损害后果
33	深圳	傅兵	深圳中院	发回重审无罪	1060	17.6637	5	(2012) 深中法赔字第1号 当事人请求精神赔偿40万元
34	深圳	熊艳军	深圳中院	发回重审无罪	2047	33.2944	11.3	(2012) 深中法赔字第2号
35	深圳	游宏强	深圳龙岗法院	发回重审无罪	835	13.5812	5	(2012) 深中法委赔字第1号

续表

36	深圳	何宜章	深圳宝安检察院	无罪逮捕	613	9.9704	3	(2012) 深中法委赔字第3号
37	深圳	方德生	深圳福田检察院	无罪逮捕	516	8.3927	4	(2012) 深中法委赔字第4号
38	深圳	徐勤强	深圳龙岗公安局	违法刑事拘留	10	0.1626	0	(2012) 深中法委赔字第5号认为时间短，没有严重精神后果
39	深圳	苏忠秀	深圳中院	发回重审无罪	1380	22.4457	8	(2010) 深中法检赔字第3号
40	深圳	王宽才	深圳福田公安局	违法刑事拘留；人身伤害（追捕中人身受伤害）	误工天数484	52.0659	6	(2012) 深中法委赔字第10号
41	深圳	李宏义	深圳宝安检察院	无罪逮捕	513	8.3439	3	(2012) 深中法委赔字第12号
42	深圳	冷学斌	深圳宝安检察院	无罪错误逮捕	1037	16.8668	5	(2012) 深中法委赔字第13号
43	深圳	孔令国	深圳南山检察院	错误逮捕	463	7.5306	2.5	(2012) 深中法委赔字第15号
44	深圳	刘文如	深圳宝安检察院	错误逮捕	720	11.7108	3.3	(2012) 深中法委赔字第17号

续表

45	深圳	张刚	深圳中院	发回重审无罪	1295	23.6143	6	(2013) 深中法赔字第1号
46	深圳	刘小勋	深圳中院	发回重审无罪	1295	23.6143	6	(2013) 深中法赔字第1号
47	阳江	刘裔七	阳江检察院	违法逮捕	242	3.4443	1.5	(2012) 阳中法赔字第1号 当事人请求赔偿精神损害70万元
48	阳江	吕国强	阳春法院	发回重审无罪	200	3.647	1	(2013) 阳春法赔字第2号
49	阳江	黎清旋	阳春检察院	违法逮捕	174	2.8301	1	(2012) 阳中法委赔字第1号
50	中山	廖宗明	中山中院	重审无罪	550	8.9458	3	(2013) 中中法赔字第1号
51	揭阳	林伟章	揭阳中院	再审无罪	243	4.4311	1.2	(2013) 揭中法赔字第1号
52	珠海	苏天国	珠海香洲区法院	发回重审无罪	631	11.5082	5	(2013) 珠中法委赔字第3号

重庆市涉精神赔偿案件基本情况表

序号	地区	赔偿请求人	义务机关	案由	限制人身自由天数	人身损害赔偿金(万元)	精神抚慰金(万元)	备注
1	重庆一中院	刘芝华	重庆一中院	再审改判无罪	1095	17.8101	3	(2012) 渝一中法委赔字第22号，赔偿决定作出时间2012.12.7

续表

2	重庆一中院	夏才雄	重庆一中院	再审改判无罪	1095	17.8101	3	（2012）渝一中法委赔字第22号，赔偿决定作出时间2012.12.7
3	重庆一中院	唐元兴	重庆一中院	二审发回重审，检察院撤诉，一审判决有罪	1182	19.2252	3	（2012）渝一中法委赔字第20号，赔偿决定作出时间2012.12.7，该赔偿决定认为该院作出的宣告无罪判决书、作出赔偿决定的决定书送达至赔偿请求人居住地，已在一定范围内为其消除影响、恢复名誉，故而没有支持赔偿请求人要求的其他消除影响、恢复名誉的方式
4	重庆五中院	郭杰	重庆五中院	二审发回重审，检察院撤诉，一审判决有罪	535	9.7370	2	（2012）渝一中法委赔字第20号，赔偿决定作出时间2012.12.7，精神赔偿作出的依据主要是《重庆市实施〈中华人民共和国国家赔偿法〉办法》第四十七条第（二）项之规定，按照羁押一年以上属于严重情形，以一年1万元的标准支付赔偿金2万元

续表

5	重庆高院	董克云	重庆高院	再审无罪赔偿	5871	107.0576	47.593	(2013) 渝高法赔字第1号，赔偿决定作出时间2013.10.25 精神损害抚慰金的依据是《重庆市实施〈中华人民共和国国家赔偿法〉办法》第四十八条所规定的最高限，以上年度职工平均工资的十倍计算而得；关于其他精神赔偿方式选择问题，重庆高院认为其依法改判无罪并公开宣判，已一定程度上为赔偿请求人恢复了名誉，消除了影响，决定在赔偿请求人居住、生活当地召集相关居委会人员等见证下，进行口头赔礼道歉、消除影响、恢复名誉，对其“登报上电视”请求不予支持

续表

6	重庆沙坪坝区	保密	某某委员会	劳动教养	496	9.0445	1.5	本案系行政赔偿案件中的精神损害赔偿案件，案由较为特殊是已经废除的劳动教养，赔偿义务机关在开庭过程中进行了正式的赔礼道歉

陕西省涉精神赔偿案件基本情况表

序号	地区	赔偿请求人	义务机关	案由	限制人身自由天数	人身损害赔偿金（万元）	精神抚慰金（万元）	备注
1	咸阳	冯建刚	咸阳中院	再审无罪	363	6.6193	4	（2013）咸法赔字第5号 因人身自由受限，心理刺激严重，名誉权受损，社会评价降低
2	榆林	贺占胜	榆林中院	二审发回重审无罪	2560	36.43648	3	精神赔偿金较低
3	咸阳	李华	咸阳中院	再审无罪	549	10.011	5	（2013）咸法赔字第4号 因人身自由受限，心理刺激严重，名誉权受损，社会评价降低；考虑当事人的身份特征

续表

4	咸阳	刘世荣	咸阳杨陵区检察院	无罪逮捕	372	6.7834	0.3	（2013）杨法赔字第1号 该案实际上受害人有关事项发生在80年代，不适用新修正的《国家赔偿法》，因反复信访，给予象征意义的精神赔偿
5	榆林	王宏仁	榆林中院	重审无罪	2775	39.4965	3.5	
6	西安	姚德强	西安市碑林区法院	重审无罪	1095	19.929	3	省赔偿委员会协调处理，增加了3万元抚恤金

辽宁省沈阳地区涉精神赔偿案件基本情况表

序号	地区	赔偿请求人	义务机关	案由	限制人身自由天数	人身损害赔偿金（万元）	精神抚慰金（万元）	备注
1	沈阳市	范垂华	沈阳市中级人民法院	重审无罪	494	7.03112	1.5	以合同诈骗罪、偷税罪被沈阳中院判处有期徒刑12年
2	沈阳市	张闯	沈阳市中级人民法院	再审无罪	243	3.458619	1	以故意伤害罪判处有期徒刑8个月
3	沈阳市	高明升	沈阳市中级人民法院	再审无罪	244	3.472852	1	以故意伤害罪判处有期徒刑8个月

续表

4	沈阳市	张向宇	沈阳市中级人民法院	再审无罪	244	3.472852	1	以故意伤害罪判处有期徒刑8个月
5	沈阳市	原野	沈阳市中级人民法院	再审无罪	244	3.472852	1	以故意伤害罪判处有期徒刑8个月
6	沈阳市	金铁华	沈阳市中级人民法院	再审无罪	807	1.3128555	5	以非法吸收公众存款罪判处有期徒刑2年缓刑2年
7	沈阳市	刘全成	沈阳市中级人民法院	重审无罪	1317	2.1421005	4	以贪污罪判处有期徒刑11年
8	沈阳市	吕卫东	沈阳市大东区人民法院	重审无罪	531	7.557723	2.442277	以强奸罪判处有期徒刑3年6个月
9	沈阳市	万宝玲	沈阳市中级人民法院	再审无罪	365	3.920525	1	以受贿罪判处有期徒刑一年
10	沈阳市	吴波	沈阳市大东区人民法院	再审无罪	215	3.920525	1	以受贿罪判处有期徒刑一年
11	沈阳市	杨素琴	沈阳市辽中县人民检察院	无罪逮捕	15	0.243975	0.1	杨素琴的丈夫王守成因涉嫌偷税被拘留，后辽中县检察院决定撤销此案。王守成去世
12	沈阳市	孟祥玲	沈阳市皇姑区人民法院	再审无罪	80	1.3012	0.25	以故意毁坏财物罪判处拘役2个月
13	沈阳市	范垂华	沈阳市沈河区人民法院	再审无罪	1461	2.0794413	4	以偷税罪判处有期徒刑4年

河南省涉精神赔偿案件基本情况表

序号	地区	赔偿请求人	义务机关	案由	限制人身自由天数	人身损害赔偿金（万元）	精神抚慰金（万元）	备注
1	焦作市	葛龙喜	焦作中院	再审无罪	525	7.472325	1.95	涉嫌侵占罪，三次发回重审，父亲去世未送终
2	焦作市	赵国庆	沁阳市人民法院	重审无罪	279	3.971007	0.95	涉嫌诬告陷害罪，两次发回重审，检察院撤诉，公安局撤销案件
3	焦作市	韩留根	沁阳市人民法院	重审无罪	271	3.857143	1.2	涉嫌诬告陷害罪，两次发回重审，检察院撤诉，公安局撤销案件
4	焦作市	张中芳	沁阳市人民法院	重审无罪	291	4.141803	1	涉嫌诬告陷害罪，两次发回重审，检察院撤诉，公安局撤销案件
5	焦作市	赵有福	沁阳市人民法院	重审无罪	518	7.372694	1.7	涉嫌诬告陷害罪，两次发回重审，检察院撤诉，公安局撤销案件
6	焦作市	张小传	沁阳市人民法院	重审无罪	518	7.372694	1.7	涉嫌诬告陷害罪，两次发回重审，检察院撤诉，公安局撤销案件

续表

7	焦作市	赵满仓	沁阳市人民法院	重审无罪	536	7.628888	1.8	涉嫌诬告陷害罪，两次发回重审，检察院撤诉，公安局撤销案件
8	焦作市	马一凡	焦作中院	再审无罪	63	1.024695	0.2	涉嫌破坏电力设备罪
9	驻马店市	陈仁义	驻马店中院	再审无罪	1041	16.931	3	涉嫌贪污，两次申诉，省院提审，发回重审期间检察院撤诉，后撤销案件
10	驻马店市	赵云芝	正阳县人民法院	重审无罪	430	7.82	2	涉嫌受贿、诈骗、窝赃
11	济源市	苗景华	济源市检察院	错误逮捕	227	3.230891	0.5	涉嫌盗窃，检察院批捕，公安后撤销案件
12	濮阳市	郭来增	华龙区人民法院	二审无罪	74	1.053242	0.2	涉嫌故意伤害
13	濮阳市	邢洪美	濮阳中院	再审无罪	180	2.9277	0.5	涉嫌职务侵占、私藏枪支弹药
14	开封市	陈建新	开封中院	再审无罪	457	6.504481	0.3	涉嫌职务侵占，三次向省院申诉，两次提审
15	信阳市	李其远	信阳中院	再审无罪	548	8.91322	0.8	涉嫌拒不执行法院判决罪，民事判决被撤销，刑事定罪丧失前提

续表

16	信阳市	晏立贤	平桥区检察院	无罪逮捕	133	2.163245	1.5	涉嫌贪污，检察院批捕，后以犯罪情节轻微，行为危害不大撤销案件。其后再次立案并撤案
17	平顶山市	翟留军	新华区人民法院	重审无罪	194	3.15541	1	涉嫌故意伤害，不服一审有罪判决，向区、市、省法院逐级申诉。省院指令区院重审，仍不服，经上诉改判无罪
18	平顶山市	翟留军	新华区人民法院	重审无罪	194	3.15541	0.3	同上
19	平顶山市	许祁	平顶山中院	再审无罪	4020	65.3853	6.8	涉嫌贪污，向市、省院申诉。后中院再审，发回区院重审。对区、市院判决仍不服。省院依申诉提审后宣告无罪
20	周口市	张小艳	鹿邑县人民法院	重审无罪	955	15.533075	0.6	涉嫌敲诈勒索，发回重审，检察院撤诉，公安局撤销案件
21	鹤壁市	姬金林	鹤壁市鹤山区检察院	无罪逮捕	214	3.045862	0.3	涉嫌收购赃物罪
22	新乡市	王善生	新乡中院	再审无罪	283	4.602995	1.5	涉嫌挪用资金，四次发回重审，两次取保，两次羁押

续表

23	新乡市	张昆山	新乡市卫滨区人民检察院等	无罪逮捕	450	6.746226	2	涉嫌故意伤害、侮辱、诽谤罪，两次逮捕
24	商丘市	张爱国、晁东民	商丘中院	再审无罪	张1318，晁1279	张21.43727，晁20.80293	张4，晁3.5	涉嫌盗窃，检察院抗诉，当事人多次上诉、申诉，三次发回重审，省院提审，改判无罪
25	郑州市	孙继革	郑州中院	再审无罪	1470	23.90955	3	涉嫌职务侵占罪
26	郑州市	吴应武	郑州中院	再审无罪	1012	16.46018	3	涉嫌强奸罪，申诉后省院指令再审，后提审改判无罪
27	郑州市	司梅菊	郑州中院	再审无罪	274	4.45661	2	涉嫌挪用资金，经两次再审均维持有罪判决，后省法院宣告无罪
28	郑州市（省院决定）	刘恒政	郑州中院	再审无罪	1187	16.894571	3（中院决定1万，省院变更）	涉嫌职务侵占，多次审理、长期申诉
29	安阳市（省院决定）	王天付	安阳市殷都区人民检察院	无罪逮捕	34	0.483922	0.3（省院增加）	涉嫌职务侵占罪，检察院不起诉
30	漯河市（省院决定）	刘志轩	漯河中院	重审无罪	888	14.44332	3（中院决定2万，省院变更）	涉嫌贪污，被限制人身自由至不起诉历时10年。省院决定赔偿案件

续表

31	漯河市（省院决定）	夏凯歌	漯河中院	重审无罪	61	0.992165	0.8（中院决定0.5万，省院变更）	涉嫌贪污。省院决定赔偿案件
32	平顶山市（省院决定）	许祁	平顶山中院	再审无罪	4020	65.3853	12（中院决定6.8万，省院变更）	涉嫌贪污罪，多次申诉、发回重审，省院提审改判无罪，历时17年。省院决定赔偿案件
33	省院决定	姚方方	河南省高院	重审无罪	1976	28.124408	5	因涉嫌故意杀人被监视居住，党组织关系亦因此中断
34	省院决定	张留军	河南省高院	重审无罪	1976	28.124408	5	因涉嫌故意杀人被监视居住，其妻子离家出走、孩子无法照管
35	省院决定	李龙福	河南省高院	再审无罪	367	4.603281	1	因涉嫌受贿被刑事拘留并逮捕
36	省院决定	钱中云	河南省高院	再审无罪	970	13.80601	3	因涉嫌抢劫被刑事拘留并逮捕，被限制人身自由时属未成年人，导致学业中断，就业、择偶等受到不利影响

附件 7

关于国家赔偿精神损害赔偿制度的
调查问卷统计情况（三省一市）①

调查对象：河南省、浙江省、辽宁省、重庆市各法院人员

发放问卷：600

回收问卷：476 份

有效问卷：473 份

无效问卷：3 份，包括缺页问卷、空白问卷

第一部分：被调查人基本情况

第一题：您所在法院的层级

1. 基层法院
2. 中院
3. 高院

	人数	百分比
选项 1	248	52.43%
选项 2	221	46.72%
选项 3	4	0.85%

① 本附件所涉统计整理工作，课题组成员蒋成旭和骆梅英教授的研究生亦参与其中。

第二题：您现在担任的职务

1. 普通审判人员

2. 部门领导

3. 院领导

	人数	百分比
选项 1	409	86.47%
选项 2	63	13.32%
选项 3	1	0.21%

第三题：您从事法院工作的年限

1. 五年以下

2. 五年到十年

3. 十年以上

	人数	百分比
选项 1	281	59.41%
选项 2	70	14.80%
选项 3	122	25.79%

第二部分：相关问题

第一题：您是否参与审理过国家赔偿案件

1. 有

2. 没有

	人数	百分比
选项 1	121	25.58%
选项 2	352	74.42%

第二题：您对 2010 年修订的《国家赔偿法》所确定的精神损害赔偿制度相关内容是否了解

1. 非常了解

2. 比较了解

3. 不了解

	人数	百分比
选项 1	36	7.61%
选项 2	237	50.11%
选项 3	200	42.28%

第三题：目前阶段，您认为国家赔偿精神损害赔偿制度的功能是

1. 象征性的抚慰功能（精神损害抚慰金 < 实际损害）

2. 填补损害功能（精神损害抚慰金≈实际损害）

3. 应同时兼具惩戒功能（精神损害抚慰金 > 实际损害）

	人数	百分比
选项 1	255	53.91%
选项 2	122	25.79%
选项 3	96	20.30%

第四题：您认为当前国家赔偿的标准是高还是低，如《国家赔偿法》规定侵犯人身自由权的，每日赔偿金按照国家上年

度职工日平均工资（2012 年为 182.35 元）计算

1. 是恰当的

2. 标准偏高

3. 标准偏低

	人数	百分比
选项 1	207	43.76%
选项 2	28	5.92%
选项 3	238	50.32%

第五题：目前《国家赔偿法》没有把财产损失的情形列入精神赔偿考虑的范围，您认为是否有必要

1. 只要有损害，都要考虑精神损害赔偿

2. 若纯粹只有财产权损害的，不需要考虑

3. 某些财产有特定纪念意义的，应考虑精神损害赔偿

	人数	百分比
选项 1	74	15.64%
选项 2	76	16.07%
选项 3	323	68.29%

第六题：对于公职人员因刑事案件被判处缓刑而被开除公职但未有羁押情形的，是否可予以精神损害赔偿

1. 需要赔偿，公职人员因缓刑被开除公职，精神损害后果显然是严重的

2. 一般不需要赔偿，除非出现自杀等其他严重的精神损害后果

3．不需要赔偿，因为判处缓刑，受害人连限制人身自由赔偿金都没有，更不要说精神损害赔偿

	人数	百分比
选项 1	281	59.41%
选项 2	62	13.11%
选项 3	130	27.48%

第七题：您认为受害人下列哪些情况可认为属于《国家赔偿法》第三十五条规定的严重后果情形（多选）

1．死亡

2．残疾

3．精神疾病

4．离婚或家庭关系破裂的

5．致家庭成员重大变故，比如自杀的

6．侵权行为虽未致受害人重伤或残疾，但其特殊能力丧失或受损而不能继续从事相关特殊职业

7．直接致受害人丧失重大就业机会的

8．致受害人经济损失巨大

9．导致受害人申诉上访多年

10．只要有限制人身自由羁押行为存在的

	人数	百分比
选项 1	458	96.83%
选项 2	443	93.66%
选项 3	427	90.27%
选项 4	290	61.31%

续表

选项 5	380	80.34%
选项 6	374	79.07%
选项 7	258	54.55%
选项 8	281	59.41%
选项 9	146	30.87%
选项 10	219	46.30%

认为其他属于严重后果的情形：

1. 特殊资格被剥夺的；

2. 导致受害人名誉上无法挽回的重大不利或负面影响；

3. 子女离家辍学的；

4. 导致家庭成员得精神类疾病的。

第八题：您认为，下列哪种确定精神损害赔偿的方式更为合理

1. 与受害人人身自由权、生命健康权等损害赔偿金总额挂钩，并设定一定比例（如为限制人身自由赔偿金的 50%）

2. 固定赔偿金额，如规定违法限制人身自由五年以下精神损害赔偿 5 万元，十级伤残精神损害赔偿 1 万元

3. 酌定赔偿金额，参照民事侵权案件中精神损害赔偿，由法官结合具体案情行使自由裁量权

	人数	百分比
选项 1	215	45.45%
选项 2	63	13.32%
选项 3	195	41.23%

第九题： 您认为精神损害抚慰金有无必要设定上下限，如何设定

1. 需要设定

上限：A. 100%以内　　B. 70%以内　　C. 50%

D. 不能超过死亡赔偿金　　E. 固定赔偿金额

下限：A. 2000元以上　　B. 1000元以上　　C. 其他

2. 都不需要设定，根据案情判定即可

	人数	百分比
选项1	340	71.88%
选项2	133	28.12%

＊选项1分类：

上限	人数	百分比
A	71	15.01%
B	28	5.92%
C	38	8.03%
D	85	17.97%
E	24	5.07%

下限	人数	百分比
A	110	23.26%
B	46	9.73%
C	39	8.25%

第十题： 您认为目前全国有无必要统一国家赔偿精神损害赔偿标准

1. 有必要

2. 无必要

3. 规定大致的范围，由各地根据本地区具体情况确定

	人数	百分比
选项 1	133	28. 12%
选项 2	29	6. 13%
选项 3	311	65. 75%

第十一题：2003 年杭州发生一起“强奸致死案”，嫌疑人张氏叔侄二人终审分别被判死缓和 15 年徒刑，服刑已近 10 载。2013 年 3 月 26 日，浙江省高级人民法院对张辉、张高平强奸再审案公开宣判，撤销原审判决，宣告张辉、张高平无罪。同年 5 月 17 日浙江省高级人民法院作出《国家赔偿决定书》，决定分别支付张辉、张高平侵犯人身自由权赔偿金 65. 57306 万元。同时，根据《中华人民共和国国家赔偿法》第三十五条的规定，综合考虑张辉、张高平被错误定罪量刑、刑罚执行和工作生活受到的影响等具体情况，决定分别支付精神损害抚慰金 45 万元。

您认为，本案的精神损害赔偿抚慰金是高还是低

1. 总体来看金额还是偏低

2. 总体来看金额符合案情，比较恰当

3. 总体来看金额偏高，与我国财政现状不符

	人数	百分比
选项 1	151	31. 92%
选项 2	279	58. 99%
选项 3	43	9. 09%

第十二题：您认为侵权机关应如何履行赔礼道歉的责任方式

1. 侵权机关代表人当面公开道歉，法院作笔录

2. 参照民事做法，可以将赔偿决定书登报

3. 可以将赔偿决定书张贴于受害人的经常居住地

4. 以上三种方式均可

5. 赔偿决定书主文中作出决定即可，侵权机关不需要再履行赔礼道歉

	人数	百分比
选项 1	68	14.38%
选项 2	86	18.18%
选项 3	56	11.84%
选项 4	265	56.03%
选项 5	19	4.02%

其他看法和建议：

1. 书面与当面相结合比较合宜，当面道歉有助于当事人情绪平复，更利于案结事了；

2. 前三种方式应该同时执行；

3. 照顾当事人的实际需求，尊重其选择。

第十三题：您认为我国有无必要就重大刑事冤错案件单独制定赔偿法，适当提高赔偿标准

1. 应当单独制定

2. 不需要单独制定

3. 不好说

	人数	百分比
选项 1	185	39.11%
选项 2	238	50.32%
选项 3	50	10.57%

第十四题：您认为赔偿义务机关赔偿后，相关的追责追偿是否需要进行

1. 应当追责追偿

2. 不需要追责追偿

3. 相关人员有重大过错需要进行追责追偿

	人数	百分比
选项 1	110	23.26%
选项 2	36	7.61%
选项 3	327	69.13%

第十五题：其他的意见和建议

河南省

其他的意见和建议	人数
全国大致统一标准，不同地区按各自地区的情况制定出自己的赔偿标准	7
加大赔偿范围和提高赔偿数额	6
完善法律，防止冤案错案的产生，如制定精神损害赔偿法	3
根据不同的当事人的情况来确定赔偿的范围和数额	3

续表

区分民事和刑事的赔偿标准	1
按责任比例来分配赔偿义务机关的赔偿数额	2

浙江省

其他的意见和建议	人数
全国大致统一标准，不同地区按各自地区的情况制定出自己的赔偿标准	3
加大赔偿范围和提高赔偿数额，特别是突破直接损失的界限	1
重大冤案可在赔偿法中设立特别条款	1
细化相关操作标准	2
要更广泛调研，更合理界定损害赔偿范围以及赔偿对象	1
追责还是要客观看待，根据具体情况处理，即使对于那些存在过错情形的，以免打击影响相关人员	1
精神损害抚慰金的作用不能脱离现阶段国民普遍追求财富的思想状态，毕竟考虑精神享受的条件尚不具备	1

辽宁省

其他的意见和建议	人数
需制定关于国家赔偿新的精神损害赔偿统一标准，不能根据地区经济发展程度而有所区别	5
重大刑事冤错案件或社会影响较大的案件应向社会公众公开说明，消除影响	3
大幅提高国家赔偿精神损害赔偿标准，使赔偿具有惩戒功能，也与人民生活水平、精神损害程度相适应	5

续表

扩大赔偿范围	2
规范精神损害赔偿立法	4
各省根据国家赔偿的原则下出台国家赔偿细则	3

重庆市

其他的意见和建议	人数
全国大致统一标准，不同地区按各自地区的情况制定出自己的赔偿标准	5
加大赔偿范围和提高赔偿数额，特别是突破直接损失的界限	6
重大冤案可在赔偿法中设立特别条款	4
细化相关操作标准	18
要更广泛调研，更合理界定损害赔偿范围以及赔偿对象	4
追责还是要客观看待，根据具体情况处理，即使对于那些存在过错情形的，以免打击影响相关人员	2
立案难	2
对受害人近亲属的精神损害进行研究	2
加大追责力度，可以减少国家赔偿的产生	1
应规定各地按照本地区的人均收入确定赔偿金额，然后按照统一方式计算出来的精神损害赔偿金就结合了各地经济发展水平	1

附件 8

“张氏叔侄案”国家赔偿精神损害抚慰金的网络舆情报告①

根据最高法院重点调研课题《关于国家赔偿精神损害赔偿制度的调研》在调查研究过程的实际情况，需要了解一般民众对国家赔偿精神损害赔偿的关注程度、心理态度，以便把握调研的方向并作为撰写最终调研报告的客观材料。为此，特选定以张辉、张高平再审赔偿一案为例，就网络民众对该案中的国家赔偿精神损害抚慰金高低评价以及与调研课题相关涉的内容进行典型性调查，并形成本网络舆情报告。

一、调查内容与方法

（一）调查内容

因为调研课题的主题是国家赔偿精神损害赔偿，所以本报告的调查内容当然包括国家赔偿精神损害抚慰金的评价。又因为国家赔偿精神损害抚慰金只是国家赔偿金的一个部分，对国家赔偿金的相应情况进行分析，有助于全面理解和把握国家赔偿精神损害赔偿制度，因此国家赔偿金、“反对国赔，责任自

① 该报告由浙江工商大学骆梅英教授的研究生谭清值等统计相关材料并撰写，课题组成员万成兆进行统稿整理。

负”[①]、向相关责任人追偿[②]、惩罚相关责任人[③]、其他[④]五项也成了本报告的调查内容。

（二）调查方法

为使报告的结果具有代表性和权威性，特选取新浪网和网易网两大综合门户网站作为调查的对象，并在网站上选取相似标题和同一内容的新闻报道，即新浪网是《浙江高院向冤案叔侄各支付国家赔偿金 110 万余元》，对此报道已有 1711 条评论，共 5791 人参与；网易网是《浙江高院向被冤叔侄各支付国家赔偿金 110 万余元》，对此报道已有 2267 人跟帖，共 61295 人参与。需要特别说明的是，两篇内容相同的报道对国家赔偿金总额，以及其所包括的侵犯人身自由权赔偿金和精神损害抚慰金两项有明晰的陈述[⑤]，且对案情亦在“相关链接”有清楚介绍，因此报道的新闻内容清晰、完整，与本报告的旨趣完全一致。在此基础上，分别对报道后的新浪网评论和网易网跟帖前 1000 条进行分类与统计。

另外，由于新浪网评论、网易网跟帖的内容及其背后的心理基础有较大的不同，为使分类与统计所取得的信息更为准确，

---

① “反对国赔，责任自负”，是指反对国家赔偿，责任直接由相关责任人员自行承担。

② 向相关责任人追偿，是指赞成国家赔偿，但在国家赔偿之后，需要向相关的责任人员追偿。

③ 惩罚相关责任人，是指要求对造成错案的国家工作人员予以相应的行政或刑事处罚，或者在相应责任人员没有受到处罚时表示疑问、愤怒或不解。

④ 其他，是指不属于国家赔偿精神损害抚慰金、国家赔偿金、“反对国赔，责任自负”、向相关责任人追偿、惩罚相关责任人之外其他所有评论或跟帖。

⑤ 具体内容请参见新浪网：“浙江高院向冤案叔侄各支付国家赔偿金 110 万余元”，载 http：//news. sina. com. cn/c/2013 -05 -20/150427174551. shtml；网易网：“浙江高院向被冤叔侄各支付国家赔偿金 110 万余元”，载 http：//news. 163. com/13/0520/15/8VB0BLN30001124J. html。

在此基础上的分析更为深入，现从评论、跟帖的内容和心理角度，将其分为理智型、谩骂型、发泄型、抱怨型、调侃型。理智型是指能够辨别是非，较为客观地表达观点的评论或跟帖类型①；谩骂型是指用轻慢、嘲笑的态度以骂的过激方式表达观点的评论或跟帖类型②；发泄型是指以非理性方式表达不满情绪的评论或跟帖类型③；抱怨型，指以较为缓和的方式说出心中不满的评论或跟帖类型④；调侃型，指用言语戏弄、嘲笑的评论或跟帖类型⑤。由此可见，谩骂型、发泄型、抱怨型、调侃型等的情绪激烈程度呈现依次递减的状态，谩骂型最为激烈，调侃型则最低。当然，包括理智型在内的这五种类型并不能囊括所有评论和跟帖，比如就有感叹型、困惑型等不在此列，但由于这些类型不能很好地支撑报告的分析框架，对报告主旨的实现也没有太大助益，所以将其统称为“其他型”。报告会以这些类型为标准，对所涉及的调查内容均予以归类并加以分析。

二、信息统计与分析

（一）新浪网跟帖的统计与分析

对新浪网《浙江高院向冤案叔侄各支付国家赔偿金 110 万

---

① 理智型，例如新浪网评论：“赔偿太少了！相信被害人不会同意的。”网易网跟帖：“赔偿太少了，一个人一生有几个十年。”

② 谩骂型，例如新浪网评论：“国家赔偿：谁出的钱？妈的太少了！”网易网跟帖：“110 万现在能干什么？公务员有没有脑子的?”

③ 发泄型，例如新浪网评论：“110 太少了！扯淡的法律。”网易网跟帖：“赔的太少，1000 万都不多，10 年呀。”

④ 抱怨型，例如新浪网评论：“什么世道啊，哎，我只希望这个世界对待所有人都公平公正。”网易网跟帖：“赔偿才这么少，相当于每月工资 1 万不到。”

⑤ 调侃型，例如新浪网评论：“感觉中国司法机关像过家家似的。”网易网跟帖：“110 万可以不变，但是变成 1 年的话，我想会有人考虑。”

余元》报道前1000条评论中关于国家赔偿精神损害抚慰金、含国家赔偿金的评论统计情况，请见表1。

表1　新浪网张氏叔侄案精神损害抚慰金

（含国家赔偿金）评论的统计

内容	国家赔偿金过高		国家赔偿金过低						国家赔偿金合理			精神损害抚慰金过高	精神损害抚慰金过低	精神损害抚慰金合理
分类	理智型	发泄型	理智型	谩骂型	发泄型	抱怨型	调侃型	其他型	理智型	谩骂型	调侃型	无	理智型	理智型
数量	3	1	48	6	5	8	3	1	4	1	1	0	1	1
总数	4		71						6			0	1	1
比例	0.4%		7.1%						0.6%			0	0.1%	0.1%

对表1需要说明的是，第一栏中的调查内容包括六项[①]：一是国家赔偿金过高；二是国家赔偿金过低；三是国家赔偿金合理；四是精神损害抚慰金过高；五是精神损害抚慰金过低；六是精神损害抚慰金合理。第二栏“数量”是指1000条评论中与调查内容所分类型相符合的评论数量。第三栏“总数”是指与该调查内容相符合的评论总数，不再区分类型。第四栏“比例”是指该调查内容项下的评论总数占1000条评论总数的百分比例。报告中表2、表4、表6、表7、表9与此范例相同，后文不再作类似说明。

① 六项内容中“过高”和“过低”的表述取其广义，没有程度的区别，所有认为高于合理赔偿金的，视为过高，所有认为低于合理赔偿金的，视为过低。

由表 1 可知，在新浪网所有评论中，没有关于精神损害抚慰金过高的评论，而对于过低和合理的评论在 1000 条中仅各有 1 条，而且其中关于合理的评论是推导的结果。这一关于合理的评论具体是“10 年人身自由权赔偿就 65 万?”，该评论意在表示，国家赔偿金中的人身自由权赔偿金过低；如果可以推论，则对精神损害抚慰金意在表示合理。另外，在国家赔偿金过高的评论中，理智型所占比例为 75%；理智型在国家赔偿金过低的评论中，所占比例为 67.6%，在国家赔偿金合理的评论中所占比例为 66.7%；关于精神损害抚慰金过低和合理的评论类型，则均为理智型。

仅从表 1 的统计数据看，“精神损害抚慰金过低”一项比例仅为 0.1%，似乎所占比例很低。但实际上，网民对国家赔偿金的评论，包括了对精神损害抚慰金的评论。为了更加贴近客观情况，现将国家赔偿金的评论视作精神损害抚慰金的评论，再加以统计与分析，具体情况请见表 2（转换版）。

表 2　新浪网张氏叔侄案精神损害抚慰金评论的统计（转换版）

精神损害抚慰金	过高	过低	合理
理智型数量	3	49	5
总数量	4	72	7
理智型比例①	5.3%	86%	8.8%
总比例②	4.9%	87.7%	7.4%

① 理智型比例是指理智型评论的数量占精神损害抚慰金中理智型评论总数的百分比，表 5 与此相同。

② 总比例是指该调查内容下的评论数量占精神损害抚慰金评论总数的百分比，表 5 与此相同。

根据报告之前对调查内容的安排，下面对“反对国赔，责任自负”、向相关责任人追偿、惩罚相关责任人、其他四项内容进行分类与统计，请见表3。

表3　新浪网张氏叔侄案国家赔偿相关评论的统计

内容	反对国赔，责任自负					向相关责任人追偿		惩罚相关责任人						其他					
分类	理智型	漫骂型	发泄型	抱怨型	调侃型	理智型	漫骂型	理智型	漫骂型	发泄型	抱怨型	调侃型	其他型	理智型	漫骂型	发泄型	抱怨型	调侃型	其他型
数量	27	2	2	2	1	18	1	76	32	69	64	20	41	58	38	48	161	75	182
总数	34					19		302						562					
比例	3.4%					1.9%		30.2%						56.2%					

由表3可知，在“反对国赔，责任自负”一项中，理智型所占比例为79.4%；理智型在“向相关责任人追偿”一项所占比例为94.7%；在“惩罚相关责任人”一项中，理智型所占比例为25.2%；在“其他”一项中，理智型所占比例也仅为10.3%。通过这组数据，可以得出这样的结论：在惩罚相关责任人的评论中，漫骂、发泄、抱怨、调侃等非理性的评论占据74.8%之多，而且在其他的评论中，比例则更高，所占比例达89.7%。

（二）网易网跟帖的统计与分析

对网易网《浙江高院向被冤叔侄各支付国家赔偿金110万余元》报道前1000条跟帖中关于国家赔偿精神损害抚慰金、国家赔偿金的评论统计情况，请见表4。

表4 网易网张氏叔侄案精神损害抚慰金（含国家赔偿金）跟帖的统计

内容	国家赔偿金过高		国家赔偿金过低					国家赔偿金合理		精神损害抚慰金过高		精神损害抚慰金过低	精神损害抚慰金合理
分类	理智型	发泄型	理智型	谩骂型	发泄型	抱怨型	调侃型	理智型	调侃型	理智型	抱怨型	理智型	无
数量	3	2	21	7	9	9	5	3	1	1	3	1	0
总数	5		51					4		4		1	0
比例	0.5%		5.1%					0.4%		0.4%		0.1%	0

据表4可见，“精神损害抚慰金过高”一项的跟帖数为4条，所占比例为0.4%，其中1条为理智型，3条为抱怨型。“精神损害抚慰金过低”一项的跟帖数为1条，该条为理智型，所占比例为0.1%。至于精神损害抚慰金合理的评论，尚没有。“国家赔偿金过低”一项的跟帖数为51条，所占比例为5.1%，过高和合理的比例分别为0.5%和0.4%。另外，在国家赔偿金过高的评论中，理智型所占比例为60%；理智型在国家赔偿金过低的评论中，所占比例为41.2%，在国家赔偿金合理的评论中所占比例为75%。

与新浪网情况一样，对国家赔偿金的评价，包括了对精神损害抚慰金的评论。在此也作一转换，将关于国家赔偿金的跟帖视为精神损害抚慰金的跟帖，再加以统计与分析，具体情况请见表5（转换版）。

表5　网易网张氏叔侄案精神损害抚慰金跟帖的统计（转换版）

精神损害抚慰金	过高	过低	合理
理智型数量	9	22	3
总数量	9	52	4
理智型比例	13.8%	75.9%	10.3%
总比例	8.3%	85%	6.7%

也与新浪网相同，根据报告对调查内容的安排，下面对“反对国赔，责任自负”、向相关责任人追偿、惩罚相关责任人、其他四项内容进行分类与统计，请见表6。

表6　网易网张氏叔侄案国家赔偿相关跟帖的统计

内容	反对国赔，责任自负				向相关责任人追偿				惩罚相关责任人					其他				
分类	理智型	漫骂型	发泄型	抱怨型	理智型	漫骂型	发泄型	抱怨型	理智型	漫骂型	发泄型	抱怨型	调侃型	理智型	发泄型	抱怨型	调侃型	其他型
数量	6	1	5	5	10	1	2	5	53	20	20	19	4	91	68	79	350	196
总数	34				19				302					562				
比例	3.4%				1.9%				30.2%					56.2%				

由表6可知，在“反对国赔，责任自负”一项中，理智型所占比例为35.3%；理智型在“向相关责任人追偿”一项中所占比例为55.6%；在“惩罚相关责任人”一项中，理智型所占比例为45.7%；在其他项中，理智型所占比例也仅为11.6%。

（三）双网评论与跟帖综合统计与分析

因为新浪网和网易网的新闻报道内容完全一样，所以有条件对两网的评论与跟帖进行综合统计与分析。下面首先对与调研课题直接相关的国家赔偿金和精神损害抚慰金的评论/跟帖进行分类统计，将两网上的数据加以整合，具体情况请见表 7。

表 7　双网张氏叔侄案精神损害抚慰金（含国家赔偿金）评论/跟帖的统计

内容	国家赔偿金过高		国家赔偿金过低						国家赔偿金合理			精神损害抚慰金过高		精神损害抚慰金过低	精神损害抚慰金合理
分类	理智型	发泄型	理智型	谩骂型	发泄型	抱怨型	调侃型	其他型	理智型	谩骂型	调侃型	理智型	抱怨型	理智型	理智型
数量	6	3	69	13	14	17	8	1	7	1	2	1	3	2	1
总数	9		122						10			4		2	1
比例	0.45%		6.1%						0.5%			0.2%		0.1%	0.05%

从表 7 可以发现，在双网 2000 条评论/跟帖中，涉及精神损害抚慰金过高的只有 4 条，占所有评论/跟帖总数的比例为 0.2%，精神损害抚慰金过低的只有 2 条，而精神损害抚慰金合理的也仅此 1 条。总之，直接涉及精神损害抚慰金的评论/跟帖共计只有 7 条，占所有评论/跟帖的比例为 0.35%。

基于同样的原因，下面将双网中关于国家赔偿金的评论/跟帖视为精神损害抚慰金的评论/跟帖，再加以分类与统计，形成表 8。

表 8　双网张氏叔侄案精神损害抚慰金评论/跟帖的统计（转换版）

精神损害抚慰金	过高			过低						合理		
分类	理智型	发泄型	抱怨型	理智型	谩骂型	发泄型	抱怨型	调侃型	其他型	理智型	谩骂型	调侃型
数量	7	3	3	71	13	14	17	8	1	8	1	2
总数	13			124						11		
比例①	8.8%			83.8%						7.3%		

由表 8 可见，理智型在“精神损害抚慰金过高”一项中所占比例为 53.8%，在“精神损害抚慰金过低”一项中的比例是 57.3%，在“精神损害抚慰金合理”一项中则是 72.7%。在表 8 中也可以显然发现，精神损害抚慰金过低的评论/跟帖数量在关于精神损害抚慰金评论/跟帖总数中所占比例达 83.8%。为了更加直观地展现表 8 的内容，特制作图 1，如下：

图 1　双网张氏叔侄案精神损害抚慰金评论/跟帖的统计（转换版）

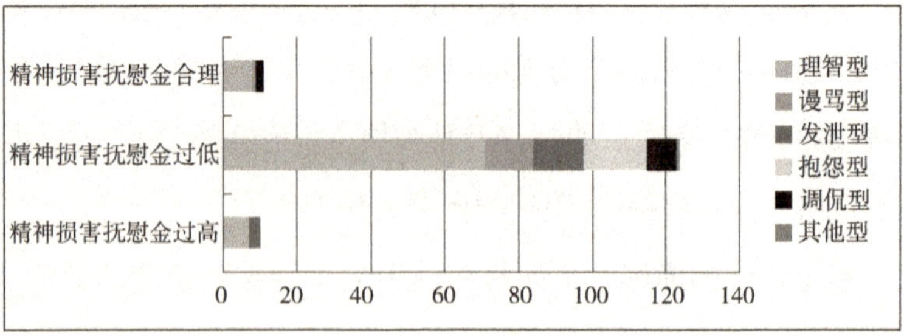

以上是对关涉国家赔偿金、精神损害抚慰金的评论/跟帖进

① 该比例是指该调查内容下的评论数量占精神损害抚慰金评论总数的百分比。

行的综合统计与分析，下面就对双网中“反对国赔，责任自负”、向相关责任人追偿、惩罚相关责任人、其他四项内容进行综合统计，具体情况请见表 9。

表 9　双网张氏叔侄案国家赔偿相关评论/跟帖的统计

内容	反对国赔，责任自负					向相关责任人追偿				惩罚相关责任人						其他					
分类	理智型	谩骂型	发泄型	抱怨型	调侃型	理智型	谩骂型	发泄型	抱怨型	理智型	谩骂型	发泄型	抱怨型	调侃型	其他型	理智型	谩骂型	发泄型	抱怨型	调侃型	其他型
数量	33	3	7	7	1	28	2	2	5	129	52	89	83	24	41	149	38	116	240	425	378
总数	51					37				418						1346					
比例	2.55%					1.85%				20.9%						67.3%					

由表 9 可知，与国家赔偿无关的评论/跟帖达 1346 条，在 2000 条评论/跟帖中所占比例为 67.3%，且其中理智型仅有 149 条，占该项 1346 条评论/跟帖的比例为 11%。理智型在“反对国赔，责任自负”一项中所占比例为 64.7%，在“向相关责任人追偿”一项中所占比例为 75.7%，在“惩罚相关责任人”一项中所占比例为 30.9%。这里仅对调研课题可能利用上的数据加以分析和说明，对于其他信息，需者可以基于统计数据再作相应的摘取和处理，整篇报告也是基于此思路而撰写。

三、结论

通过各项内容的统计与分析，我们发现双网直接关于国家赔偿精神损害抚慰金的评价内容并不多，总共只有 7 条，在 2000 条评论/跟帖中所占比例为 0.35%；而对国家赔偿金的评价内容相较于精神损害抚慰金较多，总共有 141 条，在 2000 条评论/跟帖中所占比例为 7.05%。关涉国家赔偿的内容还有“反对国赔，责任自负”、向相关责任人追偿、惩罚相关责任人三项内容，前者为 51 条，中者为 37 条，后者为 418 条，在 2000 条评论/跟帖总数中所占的比例分别为 2.55%、1.9% 和 20.9%。当然，这些数据还只是概括统计的结果，如果将评论/跟帖区分为理智型、谩骂型、发泄型、抱怨型、调侃型等，那么这些评论/跟帖中所反映的内容，会因为评价者心理情绪的原因而发生相应的扭曲，准确性会受到影响，从而与评价者真实的意思有所偏离。这些细致的区分均已在报告正文中有详尽的陈述，同时由于理智型的评价更具有说服力，所以报告文本分析中主要统计了理智型的数量与比例；但是会发现，理智型在各调查内容下的比例并不高，大多被谩骂、发泄、抱怨、调侃等负面情绪所左右，如在精神损害抚慰金过低的评论/跟帖中（见转换之后的表 8），理智型所占比例为 57.3%。如上提及的，本报告有一个重要的技术性处理，即将国家赔偿金的评论/跟帖视作精神损害抚慰金的评论/跟帖，再加以统计与分析。在这样的转换下，关涉精神损害抚慰金的评论/跟帖共计也只有 148 条，占 2000 条评论/跟帖的比例仅为 7.4%。这些均旨在表明，双网上的网民对于国家赔偿相应内容的关注度并不高，并且与正式网络调查前所预测的情况一样，网民对国家赔偿精神损害赔偿的法制观念并不强，对于精神利益的保障意识较弱。

附件 9

关于完成最高法院重点调研课题的若干体会
——《关于国家赔偿精神损害赔偿制度的调研》课题的情况总结

最高法院研究室：

根据你室通知，现将完成课题有关情况总结汇报如下：

一、主要经验

（一）精心设计课题方案

2013 年 5 月，最高法院向社会公布了 2013 年重点调研课题，我院赔偿委员会即向院领导提出申报《关于国家精神损害赔偿制度的调研》课题的请求，院领导非常支持，最高人民法院赔偿办也大力支持。齐奇院长亲自担任课题主持人，高杰副院长担任课题组成员，精心组织了一支阵容比较强大的课题调研队伍，认真准备课题申报材料。9 月，我院申报最高法院重点调研课题《关于国家精神损害赔偿制度的调研》顺利中标后，院领导高度重视，要求课题组保质保量完成调研任务。而课题开展是否顺利，课题报告的提纲非常重要，实施方案是关键。为完成本课题，2013 年 10 月，课题组研究确定了详细的实施方案：一是明确课题目标：通过本课题的调研，将进一步厘清对国家精神损害赔偿制度的现状、问题和定位作用的认识，形成符合现实需要的操作意见，并在此基础上，提出完善国家赔偿制度的若干设想。二是拟定课题报告主要内容分五部分：1. 国家精神损害赔偿制度的背景和意义；2. 基本情况；3. 理论上主要争议的问题；4. 困难和成因；5. 建议和对策。三是确定课题组成员的具体分工和课题完成的时间节点。本课题实施方案报高杰副院长和齐奇院长审定后实施。

（二）及时梳理现有调研成果

为深入了解国内外国家精神损害赔偿的研究成果，课题组专门购买了一批有关国家赔偿和精神损害赔偿的书籍，并检索中国知网上国家精神损害赔偿论文。收集修正后国家赔偿法实施以来国内国家精神损害赔偿典型案例 16 个、国家赔偿法立法起草修改说明和我国台湾地区“国家赔偿法”、“刑事补偿法”，以及全国 8 个高级法院关于确定国家赔偿精神损害抚慰金的指导意见。同时分析整理了一些调研基础性材料，如《域外国家精神损害赔偿制度研究综述》、《精神损害赔偿制度在我国民法领域的研究综述》、《冤狱赔偿精神损害赔偿问题部分国外资料整理》、《张氏叔侄案国家精神损害抚慰金的网络舆情报告》等。课题组成员参加了浙江工商大学国家赔偿案例研读沙龙活动，及时掌握相关领域的动态，同时，我们课题组还专门建立了课题组的微信平台，及时上传资料，通报信息，交流观点，沟通想法，为课题完成做了精心准备。

（三）采取各种形式调查研究

1. 会议研讨。2013 年 11 月 14 日，我院召开课题开题会，邀请研究室主任魏新璋到会指导，浙江大学、浙江工商大学有关学者参与讨论。开题会介绍课题实施方案，听取课题组成员的意见，明确课题组成员的分工，并对有关争议问题进行初步探讨。2014 年 1 月 26 日，课题组再次召开碰头会，邀请专家和学者参加，统一思想和认识，对课题组成员各自撰写的课题分报告提出修改意见，合理调整课题报告结构内容和成员分工，研究讨论下一步调研计划。2014 年 8 月 4 日，课题报告初稿形成后，我院专门召开了《关于国家赔偿精神损害赔偿制度的调研》专家论证会，与会专家学者从结构、内容、观点、行文等方面对调研报告提出了修改意见和建议，为进一步完善课题报告指明了方向。

2. 问卷调查。为更好地掌握全国各地法院对精神损害赔偿制度的意见，我们精心设计了《关于国家精神损害赔偿制度的调查问卷》。共设置四方面的问题：一是对现行国家精神损害赔偿制度的认识，二是对精神损害赔偿制度具体运用相关问题的看法，三是对“张氏叔侄强奸赔偿案”精神损害赔偿抚慰金的态度，四是其他相关问题。全方位多角度对精神损害赔偿制度进行比较全面深入的调查，在河南、辽宁和我省共发放调查问卷 500 份，回收有效调查问卷 300 多份。经过统计分析，形成《关于国家精神损害赔偿制度的调查问卷报告》，取得了第一手的调研资料。

3. 实地考察。由于统计报表的缺陷，国家赔偿中涉精神损害赔偿案件情况缺乏详细完整的统计数据，给课题调研分析带来不少困难，课题组只好通过选择全国各地区代表性的省份进行实地调研统计分析。课题组一行 4 人曾专程赴河南、辽宁、重庆三省市法院，听取高院国家赔偿负责人介绍当地国家赔偿情况和对于国家精神损害赔偿的意见，与当地一线办案法官进行了座谈，统计有关案件数据，收集国家赔偿诉讼文书和典型案例，形成了《河南、辽宁、重庆三省市国家精神赔偿制度调研报告》。修正的国家赔偿法实施只有三年，国家赔偿案件数量有限，涉及精神损害赔偿的案件更少，许多问题尚未暴露，为避免河南、辽宁、重庆三省市案件样本的不足，于是我们又增加广东、陕西两省涉精神损害赔偿的国家赔偿案件的情况统计，以提高课题调研的典型性和广泛性。

4. 案例研究。司法调研课题不同于纯理论课题，重在实践，我们把相当精力投入案例研究中。我们逐个分析统计全国法院在媒体中公开的国家赔偿案例和河南、辽宁、浙江三省法院的典型案例，摸索精神损害抚慰金的确定规律。如通过张氏叔侄强奸赔偿案与河北赵艳锦再审无罪赔偿案、河南李怀亮再审无罪赔偿案的比较，课题组得出结论，运用非法证据排除规则的再审无罪赔偿案精神损害抚慰金应当高于疑罪从无的再审无罪赔偿案件，并且专门对张氏叔侄强奸赔偿案的网络舆情进行梳理分析，为课题实证研究提供了第一手素材。

（四）高度重视调研成果的转化

经过广泛深入的调研，大家认为，国家赔偿的当务之急是处理好自赔案件，确保矛盾不上交、舆论不炒作、当事人不上访。赔偿委员会审理赔偿案件是国家赔偿工作的组成部分，但不是国家赔偿工作的重心。国家赔偿工作要充分发挥职能作用，化解涉法涉诉矛盾，引导涉法涉诉案件处理走法治化、规范化道路。目前国家赔偿受案范围偏小，赔偿标准太低，缺乏配套的补偿制度，而我国经济社会发展相当不平衡，适当提高精神损害抚慰金，是现阶段国家赔偿工作与时俱进的必然要求。从调研情况看，我省将精神损害抚慰金与侵犯人身自由权、生命健康权赔偿金挂钩，操作简单，切实可行，受到河南、辽宁和我省法院的普遍支持。问卷调查表明，多数同志支持我院确定的精神损害抚慰金一般不超过侵犯人身自由权、生命健康权赔偿金总额的做法，并认为张氏叔侄赔偿案确定的45万元精神损害抚慰金并不高。在此基础上，课题组形成课题报告。

但调研搞得再好，没有成果转化，都是空话。调研伊始，我们就非常重视调研成果的转化工作，不仅调研成果最后要形成操作意见，形成司法解释建议稿，上报最高人民法院。而且要将调研过程中发现的问题及时通过建议形式向有关部门发送。如在调研中，我们感觉到国家赔偿制度对解决涉诉信访案件意义重大，现行司法救助制度存在一定的弊端，应当引起有关部门的重视，我们就向最高人民法院上报了《关于改革国家赔偿制度，发挥国家赔偿审判职能作用，破解涉法涉诉信访难题的建议》，引起最高人民法院有关领导高度重视，在最高人民法院第四个司法改革纲要中，明确将司法救助制度列入司法改革的范围。在经济发达地区，全国统一的赔偿金难以使人服判息诉，大幅度提高精神损害赔偿金也不现实，实践中大量存在不规范的案外补偿现象，弊端明显，迫切需要在省一级建立经济补偿制度。课题组成员通过省人大代表建议和省政协提案的形式提交了《关于建立省一级国家赔偿补偿基金的建议》，浙江省赔偿费用条例实施细则已列入省政府法制办计划起草的规章之中。目前，经过充分调研，课题组顺利完成近10万字课题报告，这些报告和附件不仅对国家赔偿工作有意义，而且对如何搞好调研工作也有意义，于是，课题组与中国法制出版社联系，准备将调研成果结集成书公开出版，向全社会公开。一个课题的完成，收到了事半功倍的效果。

二、主要困难

承担课题中遇到的困难主要有：一是域外实践的资料积累比较少。域外国家赔偿精神损害抚慰金的实际支付情况，特别是具体案例，我们掌握不够，资料缺乏。二是自身实践经验不足。修正的国家赔偿法实施时间短，国家赔偿案件数量有限，涉及精神损害赔偿的案件更少，不少存在问题尚未暴露，调研深度有限。三是全国的数据统计难。课题组选择河南、辽宁、重庆、陕西、广东以及本省作为全国六个有代表性的省市进行重点调研，也基本掌握了这些地区的案件数据，但全国的准确数据收集比较难，可能影响调研分析的全面性、准确性。

三、几点建议

借此机会，提几点建议：一是最高法院公布调研课题时，最好同时简要说明选择确定课题的背景和目的，以提高课题调研的针对性和实效性；二是最高法院设计的国家赔偿案件统计报表缺陷明显，存在重复统计等问题，影响全国统计数据的准确性，应当予以改进；三是最高法院相关司法解释和司法政策的起草应当在课题结束后进行，以真正发挥调研课题的作用，避免出现重点调研课题与相关司法解释、司法政策相互脱节的“两张皮”现象；四是最高法院应当建立重点调研课题的协作和联动机制，相关业务主管部门要为下级法院了解掌握国内外研究动态特别国外情况提供帮助。

浙江省高级人民法院课题组
2015年1月28日

图书在版编目（CIP）数据

国家赔偿精神损害赔偿制度实证研究/浙江省高级人民法院课题组著．—北京：中国法制出版社，2015.5

ISBN 978-7-5093-6382-9

Ⅰ.①国… Ⅱ.①浙… Ⅲ.①国家赔偿法-研究-中国 ②侵权行为-赔偿-研究-中国 Ⅳ.①D922.114 ②D923.84

中国版本图书馆 CIP 数据核字（2015）第 101851 号

责任编辑　周琼妮（zqn-zqn@126.com）　　封面设计/李　宁

国家赔偿精神损害赔偿制度实证研究

GUOJIA PEICHANG JINGSHEN SUNHAI PEICHANG ZHIDU SHIZHENG YANJIU

著者/浙江省高级人民法院课题组

经销/新华书店

印刷/北京京华虎彩印刷有限公司

开本/640×960 毫米 16　　印张/15　字数/159 千

版次/2015 年 5 月第 1 版　　2015 年 5 月第 1 次印刷

中国法制出版社出版

书号 ISBN 978-7-5093-6382-9　　定价：48.00 元

北京西单横二条 2 号　　值班电话：010-66026508

邮政编码 100031　　传真：010-66031119

网址：http：//www.zgfzs.com　　**编辑部电话：010-66067023**

市场营销部电话：010-66033393　　**邮购部电话：010-66033288**

（如有印装质量问题，请与本社编务印务管理部联系调换。电话：010-66032926）